John Selby, geboren 1945 in Kalifornien, studierte nach Abschluß seines Psychologiestudiums an der Princeton University und der University of California unter Alexander Lowen und Charles Kelley Bioenergetik. Anschließend wurde er durch Alan Watts und Krishnamurti in spiritueller Heilkunst unterrichtet und nahm das Studium der Bio-Physik unter R. Abraham auf. Er beteiligte sich an Forschungsarbeiten des Neuro-Psychiatric-Institute unter Professor Osmond und entwickelte Sehverbesserungsprogramme für Apple- und IBM-Computer. Neben seiner Arbeit als Therapeut ist John Selby durch zahlreiche Veröffentlichungen in den Bereichen Persönlichkeitsentfaltung und Gesundheitsvorsorge bekannt geworden. Er lebt heute in Kilauea, Hawaii.

W0247657

Von John Selby sind außerdem erschienen:

»Hilfe für angestrengte Augen« (Band 7890)
»Jung und vital bleiben« (Band 7891)
»Liebevolle Massage« (Band 7892)
»Abschied vom Bauch« (Band 7893)
»Gut schlafen« (Band 7894)
»Alkohol« (Band 7895)
»Gutes Sehen über 40« (Band 7896)
»Gesunde Liebe zum Geld« (Band 7897)
»Die Macht unserer Träume« (Band 7899)

Deutsche Erstausgabe Mai 1991
© 1991 Droemersche Verlagsanstalt Th. Knaur Nachf., München
Titel der Originalausgabe »Intuitive Problem-Solving«
© 1987 John Selby
Umschlaggestaltung Adolf Bachmann, Reischach
Umschlagillustration Brigitte Smith, München
Satz MPM, Wasserburg
Druck und Bindung Elsnerdruck, Berlin
Printed in Germany   5   4   3   2   1
ISBN 3-426-07898-8

John Selby:
Intuition und Lebenskraft

Weniger Streß durch meditative Energie

Aus dem Amerikanischen von Sabine Richter

Auskunft über Seminare mit John Selby erhalten Sie bei:

Wolfgang Gillessen
Ettalstr. 42 a
8000 München 70

Inhalt

Einleitung

Das kreative Potential unseres Geistes

Eine der Eigenschaften, die uns Menschen besonders auszeichnet, ist die bemerkenswerte Fähigkeit,
schwierige Probleme auf kreative Weise lösen zu
können. In der Tat ist allen Zivilisationen ein natür-
liches und ständiges Streben nach erfinderischen
Verbesserungen des Lebensstils und der Arbeitsbe-
dingungen eigen.

Jeder Tag unseres Lebens bringt unerwartete
Schwierigkeiten, Herausforderungen und Kompli-
kationen, die wir aktiv bewältigen müssen, damit
unser Leben in der von uns gewünschten Richtung
weiterläuft. Jeder von uns ist auf seine eigene Art
ein Meister darin, Probleme zu lösen, und wir neigen dazu, die Herausforderungen zu genießen, solange sie nicht unlösbar sind.

Die meisten unserer täglichen Probleme lassen sich
leicht überwinden, indem wir frühere Erfahrungen
mit Hilfe der einfachen Logik auf die neue Situation übertragen. Zuerst vergleichen wir die vorliegende Schwierigkeit mit ähnlichen Situationen, die
wir bereits erfolgreich gelöst haben. Dann stellen
wir Schritt für Schritt einen »Spielplan« für den Er-

folg auf. Unser Verstand ist in dieser Hinsicht erstaunlich geschickt.

Aber oft genug werden wir mit irgendeinem Problem konfrontiert, das nicht so einfach mit logischen und analytischen Methoden zu bewältigen ist. Viele zwischenmenschliche Konflikte, schwierige Situationen im Geschäftsleben, spirituelle Verwirrungen und Entscheidungen über unsere Lebensweise fordern unseren Verstand bis an die äußersten Grenzen, ohne daß wir eine Lösung fänden. Egal, wie oft und wie intensiv wir unsere Situation durchdenken: Wir stehen vor einem Problem.

Unser rationaler Verstand ist angesichts einer Schwierigkeit wie ein großes Arbeitstier. Er haßt das Versagen und verpulvert all seine Energie, bevor er zugeben kann, daß mit Hilfe der vorliegenden Informationen einfach keine logische Lösung zu finden ist.

An einem bestimmten Punkt geben wir auf, denken wir nicht mehr analytisch. Und genau an diesem Punkt geschieht überraschenderweise etwas erstaunliches in unserem Denken. Vielleicht sind wir gerade draußen auf einem Spaziergang, mit unseren Gedanken ganz in der Gegenwart, genießen die Natur, oder wir duschen oder baden, und entspannen uns in der Wärme des Wassers, oder wir trinken ein Glas Wein, genießen ein herrliches Abendessen. Und plötzlich überkommt uns, wie aus heiterem Himmel, ohne jede Anstrengung, die Erfahrung, die man gewöhnlich Geistesblitz oder Intuition nennt. Wie durch ein Wunder sehen wir plötzlich unser Problem in einem neuen Licht, unter veränderter Perspektive, und die Lösung wird auf einen Schlag für uns offensichtlich.

Da wir normalerweise solche intuitive Funktionen unseres Kopfes nicht kontrollieren können, neigen wir dazu, diese Eingebung als ein Geschenk der Götter, als einen erstaunlichen Glücksfall, als magische Erfahrung zu sehen. Und in der Tat sprachen die großen Denker des Altertums seit den Zeiten der schriftlichen Überlieferung mit Staunen und Ehrfurcht von diesem inspirierten Bewußtseinszustand, den die Intuition mit sich bringt.

Aber seit mindestens 3000 Jahren haben weise Beobachter der Menschheit, wie beispielsweise Laotse in China, auf bestimmte Faktoren aufmerksam gemacht, die solche Geistesblitze zu unterstützen scheinen. Lao-tse unterscheidet fünf Hauptbestandteile: Enthusiasmus für die Situation, Losgelöstsein vom Konflikt, entspanntes Genießen des Augenblicks, geistige Klarheit und Einfachheit.

In den letzten hundert Jahren hat auch die moderne Psychologie die Dimensionen des intuitiven Prozesses erforscht und dabei zahlreiche praktische Richtlinien entwickelt, um diese der Verstandestätigkeit zu aktivieren, wobei es natürlich nach wie vor ein Geheimnis bleibt, wie die Intuition in unserem Gehirn genau funktioniert.

An diesem Punkt der Geschichte ist es uns aber

möglich, alte Weisheit und moderne Wissenschaft miteinander zu verbinden, um den intuitiven Prozeß besser als ganzheitlichen Vorgang zu verstehen. Seit Jahren haben Therapeuten wie ich praktische Techniken entwickelt, die den Menschen dabei helfen können, ihre Probleme auf einer kreativeren Ebene zu lösen.

Wir leben allerdings in einer Zeit, in der relativ wenig Wert auf Intuition aber sehr großer Wert auf die lineare, logische und erkenntnismäßige Problemlösung gelegt wird. Das Computerzeitalter hat unser Schulwesen dahingehend beeinflußt, daß besonders stark das rationale, nicht-intuitive Denken bei den Schülern gefördert wird. Seit dem Beginn des Zeitalters der Aufklärung vor mehreren hundert Jahren, haben wir den intuitiven Teil des Geistes in den Hintergrund gedrängt. Intuition ist schließlich nicht klassisch-experimentell beweisbar. Sie liegt außerhalb der Bereiche, wo wir sie steuern und manipulieren können, und wir wissen ja alle nur zu genau, daß unsere heutige Zivilisation sich hauptsächlich auf die Kräfte der Natur konzentriert, die auf vorhersagbare Weise kontrolliert werden können.

Obwohl also das intuitive Denken im Bereich der Erziehung und der Problemlösung weitgehend ignoriert wurde, ist es doch Hauptbestandteil fast aller großen wissenschaftlichen Durchbrüche. Wir alle kennen die Anekdoten über unsere großen Wissenschaftler, Erfinder, Psychologen und Staatsmänner, die lange mit einem unergründlichen Problem gekämpft haben, und die plötzlich die Lösung deutlich vor Augen hatten.

Wir alle wissen aus eigener Erfahrung, daß wir auch im täglichen Leben durch Intuition unsere Probleme lösen können. Andererseits jedoch scheint unser Verstand diese intuitiven Vorgänge zu blockieren; es widerstrebt ihm, sich auf die Intuition zu verlagern. Warum das so ist, werden wir in diesem Buch ausführlich erörtern. Jedenfalls scheinen wir konservative Wesen zu sein, die Angst vor Veränderung haben und es vermeiden, Erkenntnisse, die unsere bestehenden Lebenskonzepte verändern könnten, zuzulassen. Später werden wir noch genau sehen, daß es gerade diese Reaktion auf ein Problem ist, die uns direkt daran hindert, uns auf unsere Intuition einzulassen.

Es stellt sich nun die Frage, der wir in diesem Buch nachgehen wollen, wie wir diese Blockaden überwinden können, die unsere Intuition lähmen. An bestimmten Punkten unserer Diskussion werden wir ganz nüchtern über einfache Schritte reden, die man machen kann, um sich für ein solches kreatives Denken zu öffnen. An anderen Stellen wiederum werden wir auf einer tieferen Ebene unsere Denkgewohnheiten und unsere Haltungen gegenüber Veränderung und spirituellem Wachstum ergründen sowie unsere emotionalen Reaktionen auf die Herausforderungen des Lebens beleuchten.

Zunächst aber ist es wichtig, innezuhalten und

über die unterschiedlichen Aspekte von Intuition nachzudenken, um sich für die Übungen vorzubereiten. Es müssen zahlreiche praktische Schritte vollzogen werden, bevor Sie in den unmittelbaren Erfahrungsbereich dieses Programms einsteigen.

1

Einem Problem auf den Grund gehen

Wenn wir ein Kind beim Spielen beobachten, werden wir ganz schnell eine grundlegende menschliche Eigenschaft entdecken: Es genießt offenbar die Herausforderung, um ein Problem zu lösen. Solange diese Anstrengung nicht jenseits des kindlichen Leistungsvermögens liegt, wird das Kind sich schwierige Situationen heraussuchen, um mit ihnen fertig zu werden. Puzzlespiele sind ein gutes Beispiel für diese Freude an einem Problem.

Unser Verstand hat sich nach den Herausforderungen, mit denen wir uns beschäftigt, mit denen wir gekämpft und die wir schließlich bewältigt haben, ständig weiter entwickelt. Mit jeder Lösung eines Problems haben wir etwas wertvolles dazugelernt, was wir dann auch auf ähnliche Situationen übertragen können. Zum Problem wird eine Situation erst wieder, wenn sie sich von bekannten Herausforderungen grundlegend unterscheidet. Statt automatisch eine Lösungsstrategie anzuwenden, die wir schon erfolgreich gelernt haben, müssen wir vielmehr einen neuen »Spielplan« aufstellen.

Normalerweise schaut sich unser logischer Verstand die Situation gut an und setzt dann diverse

Einzelteile alter Strategien, die irgendwie mit dem neuen Problem in Verbindung stehen, zusammen. So benutzen wir quasi alte Lektionen, um eine neue Schwierigkeit zu lösen.

Nachdem dann der Spielplan, das neue Handlungskonzept, Schritt für Schritt durchgearbeitet ist, übertragen wir diese Logik auf die Wirklichkeit, um zu sehen, ob die Lösung auch tatsächlich in der Praxis funktioniert. Wenn dem so ist, empfinden wir das wunderschöne Gefühl von Erleichterung, Stolz und Befriedigung über unseren Sieg.

Wenn wir uns an unsere Kindheit erinnern, werden wir feststellen, daß wir schon von Kindesbeinen an gelernt haben, wie man am besten mit den Dingen des Lebens fertig wird. Aus jeder Lernerfahrung profitieren wir, wir sammeln tatsächlich unsere Erfahrungen, die wir in bestimmten Situationen wieder anwenden. Und wenn Sie heute auf ein neues Problem in Ihrem Leben stoßen, werden Sie in den einmal gemachten Erfahrungen nach Lösungen suchen.

Jeder von uns hat natürlich seine individuelle Sammlung von Erfahrungsspielplänen. Wahrscheinlich haben Sie es schon oft erlebt, daß mehrere Leute für ein- und dieselbe relativ einfache Aufgabe unterschiedliche Lösungsansätze zu bieten hatten. Bei Streitereien geht es oft um den Konflikt, nach welchem Spielplan bei der Lösung eines Problems vorgegangen werden soll. Sicherlich funktionieren einige Spielpläne für bestimmte Probleme besser als andere. Wer die reichste Erfahrung mit einer ähnlichen Situation und die umfassendste Vorstellung vom Kern des Problems hat, wird auch wahrscheinlich die bessere Lösung anbieten können.

Wenn wir also mit einer Schwierigkeit zu kämpfen haben, wäre der erste Schritt für die Lösung vielleicht der, innezuhalten und die bestehenden Meinungen über die Situation zu überprüfen. Welche Einstellungen aus ähnlichen bekannten Situationen projizieren Sie auf das Problem, das sich Ihnen heute stellt? Und inwieweit sind Ihre Konzepte wirklich relevant für die neue Situation? Und darin liegt immer auch der Kern des Problems: Ihre begrenzte Sichtweise, Ihre individuelle Perspektive bestimmt zu einem wesentlichen Teil Ihre Fähigkeit, eine wirksame Lösung für das Problem zu sehen. Mit Sichtweise oder Perspektive meine ich sowohl Ihren subjektiven Informationsstand als auch Ihre tieferliegenden Einstellungen, die Ihre Überlegungen beeinflussen. Doch diese Ihre Sichtweise können Sie, wie wir noch sehen werden, erweitern.

Betrachten wir einmal einen Augenblick einen Schachspieler, der seinen König in Gefahr sieht. Er kann aus seinem Blickwinkel absolut keinen Zug sehen, mit dem er ihn retten könnte. Seit einer Stunde schon starrt und denkt er, denkt und starrt er, aber er kann keinen Ausweg sehen. Ein anderer Schachspieler kommt zufällig dazu, hält einen Augenblick inne, beurteilt die Situation aus seiner

Sichtweise und seiner Schachspiel-Erfahrung und sieht sofort den rettenden Zug. Warum kam der erste Spieler nicht auf diesen Zug, den es nämlich schon die ganze Zeit über gab? Er konnte ihn nicht sehen — weil er in alten Denkmustern verfangen war.

Deshalb müssen wir uns immer der alten, gewohnten Sichtweisen bewußt werden, um beurteilen zu können, ob sie uns nicht vielleicht davon abhalten, den notwendigen Durchbruch zu schaffen.

Wahrnehmung ist, mit einem Wort, ein erlernter, gewohnheitsmäßiger Prozeß, der durch das begrenzt wird, was wir zu begreifen glauben. Wir sehen das, was wir sehen wollen, und neigen dazu, all das wegzuschieben, was nicht unseren Erwartungen entspricht.

Gewöhnlich haben wir dann Geistesblitze, wenn wir alte Wahrnehmungs- und Denkstrukturen fallen lassen. Der Geist ist dann losgelöst von den alten Sichtweisen einer Situation und hat deshalb die Freiheit, zu einem umfassenderen Verstehen einer Situation zu gelangen, das auf einer umfassenderen Informationsbasis beruht.

Wenn es tatsächlich eine Lösung für die Rätsel oder die Fragen gibt, die in Ihrem Leben anstehen, dann liegt das Problem nicht in der Frage oder der Situation als solcher, sondern eher in Ihrem Kopf. Und um ein Rätsel oder eine Schwierigkeit zu lösen, müssen Sie lernen, wie Sie Ihre Sichtweise verändern, Ihre Perspektive erweitern, Ihre alte Art, eine

Situation zu sehen, loslassen können, damit diese neue Einsicht kommen kann. Wenn die richtige Information zur Verfügung steht und wir frei von alten Konzepten sind, dann kann unser Verstand sich sofort einen Überblick verschaffen, mit dem die Lösung des Problems auf einen Schlag klar wird. Unsere Herausforderung besteht darin zu sehen, daß das wirkliche Problem wir selbst mit unseren zeitweise sehr begrenzten geistigen Funktionen sind.

Und das ist natürlich eine große Herausforderung, denn wenn ich von Ihrer eingeengten geistigen Funktion rede, spreche ich in Wirklichkeit von Ihrer Weltanschauung, Ihrem persönlichen Lebensverständnis, Ihren liebgewordenen Einstellungen und Vorurteilen.

Um es kurz zu sagen, ich fordere Sie dazu auf, Ihre begriffliche Vorstellung von Realität für einen Augenblick fallen zu lassen und zu überlegen, ob die Realität nicht tatsächlich mehr ist als nur Ihre bloße Vorstellung davon.

In der Zeit des Heranwachsens haben wir laufend Vorstellungen vom Leben entwickelt und mußten sie immer wieder revidieren. Das Leben ist sicherlich ein großartiger Lehrmeister, und jedes Problem mit dem wir konfrontiert werden, bietet uns wieder eine wunderschöne Gelegenheit, geistig zu wachsen, uns weiterzuentwickeln und unser Verständnis des Lebens zu erweitern.

Wenn Sie sich einmal an die Zeit erinnern, als Sie

zehn Jahre alt waren: Wissen Sie noch, welche Vorstellung Sie damals von einer intimen Beziehung hatten? Sie sahen Menschen um sich herum, die in solchen Beziehungen zu leben schienen, aber Ihre Sichtweise war zu dieser Zeit noch ziemlich eingeengt. Dennoch hatten Sie eine eindeutige Vorstellung davon, was eine intime Beziehung ist, auch wenn Sie noch einen kindlichen Erfahrungsschatz hatten. Sie hatten aus Büchern gelernt, Geschichten gehört, hatten Menschen beim Küssen gesehen und so weiter.

Dann sind Sie weiter gereift und haben Gefühle und Situationen erlebt, die jenseits Ihrer bisherigen Vorstellung einer intimen Beziehung lagen. Und plötzlich standen Sie vor dem größten Problem Ihres Lebens, einem Problem, für das Sie aufgrund Ihrer alten Sichtweise absolut keine Lösung wußten: Sie wollten mit jemand bestimmten zum Tanzen gehen, hatten aber keine Ahnung, ob er oder sie Lust hatte Sie zu begleiten. Sie waren sich im Unklaren darüber, ob oder wie Sie handeln sollten.

In den darauffolgenden Jahren sind Sie in der einen oder anderen Form wahrscheinlich immer wieder auf ähnliche Probleme gestoßen, und mit jeder neuen Erfahrung haben Sie etwas dazugelernt. Ihre begriffliche Vorstellung dessen, was eine intime Beziehung überhaupt ist, hat sich Schritt für Schritt erweitert und Sie haben gelernt, Ihr Dilemma immer erfolgreicher zu lösen. Natürlich hat sich wie bei allen neuen Lösungsansätzen manchmal herausgestellt, daß Ihr vorhandenes Verständnis falsch war. Aber selbst wenn mal etwas schiefging, haben Sie dennoch ein Stück mehr über das Leben gelernt, oder?

Wenn Sie nun einmal betrachten, welches Problem Sie derzeit beschäftigt, so ist es günstig, im Auge zu behalten, daß irgendwann in der Zukunft, wenn Sie erst einmal ein tieferes Verständnis des Problems entwickelt und tiefere Einsichten gewonnen haben, auch dieses Problem für Sie möglicherweise keines mehr sein wird.

Man könnte sagen, daß unser eigentliches Problem in unserer Haltung gegenüber Problemen liegt. Anders ausgedrückt, ist unser grundsätzliches Problem bei der Problemlösung unsere Tendenz, uns der Veränderung zu widersetzen, Angst vor neuen Erkenntnissen zu haben, die uns zwingen, alle unsere sicheren und bequemen Lebenskonzepte aufzugeben und uns in das weite Unbekannte zu wagen. Andererseits sind wir alle Abenteurer, wir machen gerne Entdeckungen, und wir freuen uns über einen Erfolg. Wir sind also quasi in einer Zwickmühle. Die Logik der Vernunft gebietet uns, innerhalb der rationalen Grenzen zu bleiben und uns nur auf Bewährtes und Erprobtes einzulassen. Demgegenüber drängt uns die Intuition in unerforschte Gewässer, ermutigt uns, etwas Neues zu machen, etwas Erfrischendes, etwas, das die Dinge vielleicht zum Besseren wenden könnte.

Was ist das für ein Kampf zwischen Logik und Intuition, und wie ist dieser scheinbare Konflikt im Kern unseres problemlösenden Wesens zu bewältigen?

2

Integration von Logik und Einsicht

Unsere Logik wehrt sich verständlicherweise dagegen, von den intuitiven Dimensionen unseres Geistes überrollt zu werden. Jeder Geistesblitz rüttelt viele feste Vorstellungen durcheinander. Mit jedem Stück Einsicht, das neues Licht auf eine Situation wirft, muß auch das begriffliche Denken wieder neu strukturiert werden. Und jeder neue auch noch so brillante Spielplan birgt die Gefahr eines Desasters in sich.

Ohne Intuition gäbe es überhaupt kein geistiges Wachstum, keine Weiterentwicklung unserer Persönlichkeit und Beziehungen, keine Verbesserungen in unserer Lebensqualität. Würde die traditionelle Logik dauernd unser Bewußtsein beherrschen, wäre unser Leben darüber hinaus ziemlich flach und langweilig. Nimmt man uns die Kreativität, werden wir zu Robotern, die völlig auf die Vergangenheit programmiert und unfähig sind, irgendeine einzigartige Wendung zustandezubringen.

Offenbar muß es eine goldene Mitte zwischen den beiden Gegensätzen geben. In der Tat läßt sich die allgemeine Haltung, daß Logik und Intuition polare Gegensätze sind, nicht aufrechterhalten, wenn man erst einmal eine umfassende Vorstellung von der Beziehung der beiden zueinander gewinnt. In ihrer geistigen Funktionsweise sind sie sicherlich verschieden, aber sie sind von einander abhängig und können nicht wirklich getrennt werden, wenn wir uns das menschliche Denken genauer betrachten.

Haben Sie schon einmal versucht, sich selbst beim Prozeß des Denkens zu beobachten? Wir gebrauchen gern Worte wie »logischer Verstand« und »intuitiver Geist«, als bezeichneten sie Teile eines Automotors, aber in Wirklichkeit müssen diese Konzepte ununterbrochen neu überdacht werden, wenn wir uns tiefgreifender mit dem Wesen des Denkens selbst beschäftigen.

Aber es gibt einen grundsätzlichen Unterschied zwischen dem logischen und dem intuitivem Denken, was uns bei unserer Erörterung helfen wird. Logisches Denken erfolgt linear, Schritt für Schritt, bis ein geordnetes Konzept zur Verfügung steht. Der intuitive Denkprozeß scheint überhaupt keine Zeit zu brauchen. Wir sehen auf einen Schlag die ganze Situation mit der dazugehörigen Problemlösung.

Genau dieses Ereignis scheint die Welt des logischen Verstandes zu vergewaltigen. Wie kann etwas ohne den genauen, schrittweisen Prozeß ablaufen, der dann zu einem Konzept führt? Wir wissen so gut wie nichts über den Vorgang der Intuition. Jegliche Erörterung des intuitiven Denkens führt uns zwangsweise an die Grenze unserer Begriffe, und wir können nur anerkennen, daß wir Geistesblitze bekommen — und dafür dankbar sein.

Dennoch können wir aufgrund unserer inneren persönlichen Erfahrung mit Geistesblitzen sagen, daß es eine Verbindung zwischen den intuitiven und analytischen Teilen unseres Geistes geben muß. Wir können es uns am einfachsten vielleicht so vorstellen, daß unser Geist eine bestimmte Situation logisch erfaßt, ein Vorgang, den wir Schritt für Schritt beobachten können, wenn wir über ein Problem nachdenken. Wenn wir uns tiefgreifender in Gedanken mit einer Situation beschäftigen, scheint dieser reflektive Zustand jenseits unseres normalen Bewußtseinsbereichs zu liegen. Haben wir plötzlich einen Einfall, muß er bereits irgendwo tief in unserem Geist vorhanden sein. Und das Gehirn selbst muß über Funktionen verfügen, die weit jenseits eines Computers liegen.

Für das Verständnis dieses Vorgangs ist es wichtig, daß die Intuition keineswegs »anti-logisch« zu sein scheint. Sie bringt Einfälle hervor, die auf einer höheren Ebene der Einsicht, der Geistigkeit und der Wahrnehmung liegen. Das Phänomen der Intuition liegt darin, daß wir im Problem plötzlich eine Logik erkennen, die uns bisher verborgen blieb. Ich schlage daher vor, daß wir uns die Intuition als eine Art »Super-Logik« vorstellen, anstatt zu versuchen, sie von den rationalen Bereichen der Erkenntnis abzuspalten.

Ich möchte Ihnen empfehlen, daß Sie Ihren Geist unter diesem Aspekt betrachten. Wenn Sie lernen wollen, wie Sie Ihre intuitive Denkweise fördern können, besteht offenbar der wesentliche Schritt darin zu beobachten, was von Augenblick zu Augenblick im Laufe eines Tages geschieht. Sie werden merken, daß Ihnen jeden Tag mehrfach ganz sanft die eine oder andere Einsicht beschert wird, und zwar dann, wenn Ihr Geist plötzlich etwas erfaßt, worüber er sich vorher noch nicht im klaren war. Es mag Ihnen wie Magie erscheinen, aber es ist eine natürliche, menschliche Magie, die das Leben zu einem ziemlichen Abenteuer macht, weil man nie vorher weiß, was einem als nächstes in den Sinn kommt!

Fangen Sie auch damit an, Ihre Reaktionen in dem Moment zu beobachten, wo Ihnen plötzlich etwas Neues in den Sinn kommt. Das ist nämlich der spannende Moment — wie reagieren Sie auf einen solchen unerwarteten Einfall? Sind Sie für diesen sozusagen veränderten Bewußtseinszustand empfänglich, zögern Sie innerlich, wehren Sie sich, oder spüren Sie eine bestimmte angsterfüllte Verkrampfung, neigen Sie dazu, sich von Ihrem Einfall genau in dem Moment abzuspalten, wo Sie ihn haben?

An dieser Stelle möchten Sie jetzt vielleicht einige praktische Schritte wissen, die Sie in engeren Kontakt mit Ihrer intuitiven Denkweise bringen.

Genau dann, wenn Sie einen Einfall, eine Eingebung, einen Geistesblitz haben, richten Sie Ihre
Aufmerksamkeit sofort auf Ihre Atmung, die, von
Atemzug zu Atemzug, für den Erfolg der Aktivierung Ihres intuitiven Potentials entscheidend sein
wird. Bleiben Sie sich Ihrer Atmung im Hier und
Jetzt bewußt; haben wir einen Einfall, neigen wir
dazu einzuatmen — wir sind inspiriert von etwas.
Und mit dem Ausatmen kommt meist das »Aha-Er-
lebnis«. Und was geschieht beim nächsten Einat-
men? Das ist einer der subtilen Tricks bei der Förderung der Intuition: Wenn Sie bei den nächsten
Atemzügen bewußt ein- und ausatmen können,
wenn Sie sich Ihrer Gegenwärtigkeit bewußt bleiben können, dann können Sie auch zulassen, daß
sich die Intuition in Ihrem Geist ausbreitet, um
sich dann in das Alltagsbewußtsein zu integrieren,
so daß es zwischen Intuition und Intellekt keinen
Konflikt mehr gibt.
Ich weiß, daß dies zunächst etwas abgehoben klin-
gen mag, vor allem dann, wenn Sie versuchen, dies
logisch zu erfassen. Diese Erfahrung der Atmung
und Intuition muß man erst ein paarmal erlebt haben, bevor man sie verstehen kann. Außerdem
möchte ich Sie nicht zu sehr mit neurobiologi-
schen Informationen belasten, denn sonst wird die
Erfahrung als solche beeinträchtigt.
Beobachten Sie also an sich selbst, ob Sie für die intuitiven Bereiche offen sind, richten Sie, bevor Sie
mit dem nächsten Kapitel beginnen, Ihre Aufmerk-

samkeit für einige Minuten auf die intuitive Denkweise und lassen Sie sich von Ihrer Intuition überraschen.

3

Emotionen und Entscheidungen

Unsere täglichen Emotionen und unsere täglichen Probleme und Konflikte stehen in sehr enger Beziehung zueinander. Nehmen wir beispielsweise die Wut. Diese Emotion ist fast immer eine Reaktion auf irgendeine Schwierigkeit. Als kleine Kinder sind wir wütend geworden, wenn man uns unseren Willen nicht erfüllt hat, und als Erwachsene neigen wir zu ähnlichen Reaktionen. Wut ist eine natürliche Aufladung des Körpers angesichts von Schwierigkeiten oder Gefahr. Sie liefert die Energie, die benötigt wird, um mit einer unerwarteten Bedrohung fertigzuwerden.

Frustration erleben wir, wenn wir in unserer Wut nicht sofort erfolgreich das Problem gelöst haben. Wir sind immer noch mit Wut aufgeladen, die noch aus der ursprünglichen Konfrontation mit dem Problem stammt, aber wir haben die Wut nicht in konstruktivem Handeln gegen das Hindernis ablassen können. Wir wollen immer noch, daß etwas so abläuft wie wir es wollen, aber wir bekommen unseren Willen nicht.

Ungeduld ist eine weitere emotionale Reaktion auf vergebliche Lösungsversuche. Wenn uns eine

Schwierigkeit in unserem Spielplan zurückwirft, werden wir immer ungeduldiger, bis sich dann diese Energie als Wut entlädt.

Eine andere Grundemotion angesichts von Problemen ist die Angst oder die Besorgnis. Ein Problem stellt sicherlich auf irgendeiner Ebene eine Bedrohung dar, sonst wäre es überhaupt kein Problem. Und wenn wir uns bedroht fühlen, malen wir uns bereits aus, was geschehen könnte, falls wir an einem Problem versagen. Und diese Angst vor dem Versagen begleitet oft den Prozeß der Problemlösung.

Es gibt noch eine weitere grundlegende Emotion, die nach dauerndem erfolglosem Bemühen um die Lösung eines Problems auftritt: An einem bestimmten Punkt verfällt man in das hoffnungslose Gefühl der Depression, wenn alles verloren zu sein scheint.

Ich bin sicher, daß Sie bestimmt auch schon sehr oft Wut, Frustration, Ungeduld, Angst, Besorgnis und Depression gespürt haben, als Sie sich mit einer schwierigen Situation konfrontiert sahen.

Aber es gibt auch positivere, erfreuliche Emotionen, die einen Problemlösungsprozeß begleiten können. Viele Menschen blühen beim Lösen von Problemen richtig auf. Sie lieben das Gefühl der Herausforderung, der Begeisterung und der Aufregung, das mit einem Problem einhergehen kann, dieses vibrierende Gefühl von Lebenskraft, das durch den ganzen Körper pulsiert und weitere Anstrengungen für den Erfolg stimuliert.

Und wenn sich dann der Erfolg schließlich einstellt, gibt es die große Erlösung von den Anspannungen, das wunderschöne Gefühl der Befriedigung und Erfüllung über die Bewältigung eines Problems.

Wir wollen die Auswirkungen solcher Emotionen auf unseren Problemlösungsprozeß näher betrachten, und zwar sowohl auf der logisch-kognitiven als auch auf den umfassenderen intuitiven Ebenen. Hilft es uns, in der einen oder anderen Emotion gefangen zu sein, wenn wir ein Problem durchdenken?

Die Antwort lautet eindeutig nein.

Emotionen trüben den rationalen Denkprozeß. Wenn wir wütend, ungeduldig, frustriert, ängstlich oder sogar aufgeregt sind, wird unser Geist mit emotionaler Energie aufgeladen und nicht mit rationaler Klarheit. Emotionen sind wunderbar geeignet, uns zu körperlichen Handlungen zu treiben, aber schrecklich, was ihre Wirkung auf die geistigen Funktionen betrifft. Emotionen sind uralte Entwicklungen in unserem Körper. Sie sind bestimmt, uns zum Handeln zu motivieren, wenn wir mit einem sehr grundsätzlichen Problem konfrontiert sind: körperliche Gefahr. Droht uns rohe, körperliche Gefahr, dann ist die Entscheidung, die wir zu treffen haben, sehr einfach und geschieht schnell. Entweder wir greifen an, oder wir drehen uns um und rennen weg, ohne den Denkhut aufzusetzen oder uns Zeit für intuitive Lösungen zu lassen.

Heute verhält es sich umgekehrt. Die meisten schwerwiegenden Probleme erfordern eine ruhige Minute, um die Situation zu durchdenken, die meisten unserer täglichen Probleme erfordern keine körperliche Reaktion. Deshalb sind Emotionen im allgemeinen wenig hilfreich, was auftauchende Probleme anbetrifft. Wir brauchen sicherlich eine Verbindung zwischen logischem Verstand und emotionalen Empfindungen, um Entscheidungen zu fällen, die sowohl unsere Gefühle als auch unsere Logik mit einschließen.

Der Rat an jemanden, der angesichts einer Schwierigkeit übermäßig emotional reagiert, ist immer schon folgender gewesen: »Beruhige dich und überdenke es.«

Der weise Chinese Lao-tse schloß auch die »Klarheit des Geistes« als einen wesentlichen Bestandteil für das Aktivieren der Intuition mit ein. Intuition wird durch emotionale Verwirrung gehemmt, und das gleiche gilt auch für das rationale Denken. Der Fluß einer intuitiven Einsicht entsteht meistens erst dann, wenn ein Mensch sich entspannt, tief durchatmet und sich von der emotionalen Ladung, die den Geist trübt, befreit.

Emotionen haben darüber hinaus physiologische Wirkungen, die Angst zum Beispiel verursacht Atemhemmung. Angst erzeugt eine Kontraktion der Zwerchfellmuskeln, die ein vollständiges Ausatmen unmöglich macht. Sie wissen sicher aus eigener Erfahrung, was es heißt, in der Angst gefangen zu sein, in einer bedrohlichen Situation atemlos zu sein, vor Schreck zu erstarren. Angst erzeugt Anspannung, und dadurch, daß sie die Atmung hemmt, hemmt die Angst auch direkt die Sauerstoffzufuhr ins Gehirn.

Wer schließlich chronisch Angstzustände durchlebt, nicht nur, wenn er vor einem Problem steht, sondern weil er sich ständig um die Zukunft Sorgen macht, erleidet eine Potenzierung seiner Angst.

Der Ausdruck von Wut und Ungeduld ist für gewöhnlich ein einfaches Entladen des Drucks, der im Körper durch Angst und Sorgen erzeugt wurde. Unser Körper will angesichts eines Problems tätig werden, das aber statt dessen mit Hilfe von klarem Denken und Intuition gelöst werden muß. Mit einem Satz: Unsere alte Programmierung für die Reaktion auf Gefahr ist in unserer gegenwärtigen Situation nicht besonders hilfreich. Genau dann, wenn wir uns entspannen und nachdenken müssen, um einen Spielplan aufzustellen, ist unser Körper mit Emotionen so extrem aufgeladen, daß wir sofort ohne zu überlegen handeln wollen.

Was können wir also in der Praxis tun? Dies ist eine Frage, an deren Beantwortung meine Kollegen und ich schon seit einigen Jahren arbeiten, weil sie das Kernstück einer erfolgreichen Entscheidungs- und

Problemlösungsstrategie bildet. Wie kann ein Mensch sich lange genug von der Angst und Frustration befreien, um einen erfolgversprechenden Spielplan aufzustellen? Im Rahmen dieses Buches kann ich Ihnen die grundlegenden Anregungen geben.

Zu allererst ist es wichtig zu erkennen, daß das Sich-Sorgen-Machen ein geistiger Vorgang ist, der unsere Aufmerksamkeit auf die Zukunft projiziert, und damit unser Bewußtsein völlig von unserem Körper zum gegenwärtigen Moment abzieht. Deshalb muß unser Bewußtsein wieder zurück zu unserem Körper im gegenwärtigen Augenblick gebracht werden, damit wir uns bewußt beim Atmen entspannen können und so ein Gefühl von Ruhe gewinnen.

Um ein Gefühl für den gegenwärtigen Augenblick wiederzugewinnen und unsere physiologische Ruhe und geistige Klarheit zu bekommen, müssen wir etwas finden, das in der Gegenwart stattfindet, um uns dann darauf konzentrieren zu können. Eine Möglichkeit, uns an der Gegenwart orientieren zu können, ist tatsächlich für alle von uns die eigene Atmung. Denn das Atmen findet nur im gegenwärtigen Augenblick statt, und es ist für uns eine konstante Hilfe, unser Bewußtsein in das Hier und Jetzt zu lenken, dorthin, wo alle intuitiven Einsichten sich ereignen.

Der erste Schritt für das Wiedergewinnen der geistigen Klarheit sowohl beim logischen Denken als auch bei der Aktivierung der Intuition besteht darin, einfach für kurze Zeit die Atmung zu beobachten. Das klingt sehr einfach, aber unser denkender, sich Sorgen machender Geist versucht permanent, unsere Aufmerksamkeit in eine andere Richtung zu lenken, weg vom gegenwärtigen Augenblick. Beobachten Sie einmal, was genau jetzt passiert, wenn Sie vier Atemzüge lang mit dem Lesen aufhören, Ihre Augen schließen und Ihre Aufmerksamkeit für weniger als eine Minute auf Ihre Atmung lenken.

Wenn Sie wie die meisten Menschen reagiert haben, die gerade erst diese Technik erlernen, haben Sie wahrscheinlich gemerkt, daß Sie angefangen haben zu denken, und damit Ihre Aufmerksamkeit von Ihrer Atmung abgelenkt haben. Und wahrscheinlich waren Sie verwirrt, weil Sie nicht wußten, was es bedeutet, die Aufmerksamkeit auf die Atmung zu richten. Deshalb möchte ich Ihnen jetzt einige wesentlichen Einsichten in diesen Prozeß vermitteln.

Wenn ich Ihnen empfehle, Ihre Atmung zu beobachten, so meine ich, daß Sie beim Atmen tatsächlich die Bewegungen in der Brust- und Bauchgegend wahrnehmen und fühlen sollten. Dies ist ein unmittelbares Gefühl im gegenwärtigen Augenblick. Versuchen Sie das einmal vier Atemzüge lang bei geschlossenen Augen — fühlen Sie die Bewegungen in Ihrem Körper, die durch Ihre Atmung erzeugt werden ohne jedoch dabei zu versuchen, Ihre Atmung in irgendeiner Weise zu verändern.

Bei der Beobachtung Ihrer Atmung werden Sie sicherlich bemerkt haben, daß das bewußte Atmen eine Veränderung des Rhythmus und der Intensität Ihrer Atmung hervorruft. Wenn ein Mensch bewußt atmet, hat das in den allermeisten Fällen eine sofortige beruhigende Wirkung. Die Aufmerksamkeit auf den gegenwärtigen Augenblick zu lenken hat eine beruhigende Wirkung auf die Atmung. Das ist eine äußerst wichtige Voraussetzung, um einen klaren Kopf zu bekommen und um sich für die Intuition zu öffnen.

Ich möchte Ihnen einen weiteren wichtigen Hinweis für ein erfolgreiches ruhigeres Atmen geben, und somit für ein Gefühl der Ruhe in Ihrem ganzen System: Werden Sie sich tatsächlich der Luft bewußt, die durch Ihre Nase ein- und ausströmt. Dieses Gefühl, diese direkte Wahrnehmung Ihrer Atmung im gegenwärtigen Augenblick, wird Sie durch seine starke beruhigende Wirkung überraschen.

Und wenn Sie für nur vier Atemzüge die Bewegungen und den Luftstrom beim Ein- und Ausatmen direkt fühlen können, werden Sie merken, daß Sie aus dem Denken an Sorgen ausbrechen und plötzlich ein Bewußtsein für Ihren ganzen Körper im gegenwärtigen Augenblick bekommen. Und in diesem Zustand der erweiterten Gegenwart sind Sie dafür bereit, sich der Intuition zu öffnen.

Es gibt noch eine Reihe anderer wirkungsvoller Techniken, die wir Schritt für Schritt im Zuge unserer Erörterung lernen werden. Aber im Augenblick möchte ich Sie mit dieser ersten Übung ein bißchen experimentieren lassen, weil sie den Kern für weitere Schritte in der intuitiven Denkweise bildet. Sie werden diese Vier-Atemzüge-Meditation an mehreren Stellen finden, weil sie das Fundament bildet, auf dem unser gesamtes Gefühl für den gegenwärtigen Augenblick beruht.

Wenn wir uns der Gegenwart, in der sich alles abspielt, bewußt sind, spüren wir merkwürdigerweise, daß unsere emotionalen Gewohnheiten ruhig werden. Wir bekommen einen ruhigen, klaren und gesammelten Geist. Wenn Sie über Ihre eigenen Erfahrungen mit Ihren Emotionen nachdenken, werden Sie entdecken, daß die meisten Ihrer Gefühle nicht durch Begegnungen mit der Gegenwart ausgelöst werden, sondern durch Erinnerungen und Phantasien, die Ihr Geist erzeugt. Insofern sind Sie es, der alle Emotionen auslöst und nicht die Umgebung.

4

Kognitive Vorbereitungen

Um sich der Aktivierung der intuitiven Denkweise realistisch zu nähern, gibt es bestimmte grundlegende geistige Schritte, die man vorher machen muß. Wie ich bereits erwähnt habe, sind rationales Denken und die intuitive Reflexion ein Gemeinschaftsteam beim Prozeß der Problemlösung. Es ist wichtig, die logischen Kräfte des Geistes vollständig zu üben, damit man sich den intuitiveren Kräften zuwenden kann.

Ich möchte Sie nun mit dem rationalen Prozeß vertraut machen, den ich auch bei meinen Patienten benutze. Zunächst müssen Sie Ihre Fähigkeit entwickeln, Ihren Geist von emotionalen Wirrnissen zu befreien. Das tun Sie, indem Sie auf Ihre Atmung achten und Ihr Bewußtsein auf ihren ganzen Körper, hier im gegenwärtigen Augenblick, lenken. Atmen Sie dabei bewußt, um nicht mehr in die alten Angstzustände des Geistes hineingezogen zu werden. Anschließend gehen Sie in aller Ruhe wie folgt vor.

ERSTER SCHRITT: Versuchen Sie, Ihr Problem in einem klaren Satz zu formulieren. Atmen Sie dabei ruhig weiter und lassen Sie sich Zeit zum Atmen. Reflektieren Sie gleichzeitig über Ihr Problem. Überlegen Sie einmal, welche Aussage sich herauskristallisiert, und welche am prägnantesten Ihre gegenwärtige Herausforderung oder Ihre Schwierigkeit ausdrückt.

ZWEITER SCHRITT: Überlegen Sie, welcher Gewinn sich Ihnen nach einer erfolgreichen Lösung Ihres Problems bietet. Welchen Vorteil materieller Natur werden Sie haben? Welche vorteilhaften Gefühle werden sich Ihnen bieten? Wie wird sich Ihr Leben verändern, wenn Sie Ihr Problem lösen und in Ihrem Leben weiterkommen?

Nach der Beantwortung dieser Fragen möchten Sie sich jetzt vielleicht entspannen. Überprüfen Sie, wie Ihre Atmung durch diesen Denkprozeß beeinträchtigt worden ist. Vielleicht macht es Ihnen jetzt Spaß, aufzustehen und für ein paar Minuten herumzulaufen, bevor Sie sich dem nächsten Schritt zuwenden. Strecken Sie sich, gähnen Sie, und schenken Sie Ihre ganze Aufmerksamkeit dem gegenwärtigen Augenblick.

DRITTER SCHRITT: Während Sie sich jetzt weiter Ihrer Atmung bewußt bleiben, überlegen Sie sich einmal, was passieren könnte, wenn Sie bei Ihrem Problem versagen würden. Lassen Sie Ihre Phantasie spielen. Malen Sie sich aus, was sich in Ihrem Leben ereignen würde, wenn es keine positive Lösung für Ihr Problem gäbe? Was würde schlimmstenfalls eintreten, wenn Sie einen totalen Fehlschlag erleiden würden?

Wie hat diese Frage Ihre Atmung und Ihr allgemeines inneres Körpergefühl beeinflußt? Diese Fragen sollten Sie sich künftig bei jedem neuen Problem stellen. Jedesmal, wenn Sie so verfahren, werden Sie mehr über die Beziehung von mentalen Abläufen und emotionalen Reaktionen erfahren. Beobachten Sie, ob Sie sich Ihrer nächsten Atemzüge, des Ein- und Ausatmens, völlig bewußt bleiben können, und ob Sie den Atem auch für ein paar Atemzüge anhalten können, während Sie dabei gleichzeitig über den nächsten Schritt nachdenken.

VIERTER SCHRITT: Entspannen Sie sich, und denken Sie über Ihre Vergangenheit nach. Hatten Sie früher schon einmal ähnliche Probleme? Woran erinnern Sie sich?

Nach diesem Ausflug in die Vergangenheit ist es jetzt angebracht, vier Atemzüge lang Ihre Gedanken völlig loszulassen, sich ein bißchen zu bewegen, etwas herumzuschauen und sich selbst wieder völlig in den gegenwärtigen Augenblick zu bringen.

FÜNFTER SCHRITT: Denken Sie einen Moment darüber nach, welche Rolle Ihre Emotionen bei der Auseinandersetzung mit einem Problem spielen. Welche Emotionen werden bei Ihrer gegenwärtigen mißlichen Lage am meisten stimuliert? Wo speziell spüren Sie diese Emotionen in Ihrem Körper? Inwieweit fühlen Sie sich diesen Emotionen hilflos ausgeliefert? Und inwieweit genießen Sie diese Emotionen?

Halten Sie wieder einen Moment inne, und lassen Sie Ihre Gedanken wandern. Lenken Sie dabei Ihre Aufmerksamkeit bewußt auf Ihre Atmung, Ihren Körper und die Welt um Sie herum, die Sie gerade sehen, hören und riechen können.

SECHSTER SCHRITT: Sagen Sie sich jetzt diesen einen Satz, der sich beim ersten Schritt herauskristallisiert hat, und beurteilen Sie nun, ob er immer noch in angemessener Form Ihr gegenwärtiges Problem beinhaltet. Ist das nicht der Fall, überlegen Sie, welcher neue Satz Ihre Situation besser ausdrückt.

Es kommt oft vor, daß man nach den ersten fünf Schritten spürt, daß das Problem sich irgendwie erweitert hat. Dieses Phänomen entsteht durch die Verbindung der logischen Überprüfung Ihrer Situation und der zusätzlichen Einsicht, die Sie hinsichtlich des Gesamtbildes gewonnen haben. Ist Ihr Problem tatsächlich emotionaler Art, ist es eine Überlebensschwierigkeit oder ein körperliches Problem? Welche Dimension Ihres Problems ist die wichtigste?

SIEBENTER SCHRITT: Als letzte kognitive Vorbereitung für die Problemlösung auf kreativem Weg gehen Sie jetzt in Ihrer Erinnerung an jenen Punkt zurück, an dem Sie das Problem als solches erkannt haben. Wie haben Sie zuallererst auf dieses Problem reagiert? Denken Sie nun Schritt für Schritt darüber nach, welche Anstrengungen Sie bisher unternommen haben, um dieses Problem sowohl auf der geistigen als auch auf der körperlichen Ebene zu lösen.

Und nun lösen Sie sich einfach wieder von Ihrem Denken, versetzen Sie Ihren Geist in den gegenwärtigen Augenblick und entspannen Sie sich.

Außer diesen sieben Schritten der kognitiven Beschäftigung mit einem Problem gibt es noch einen weiteren Aspekt, den Sie für Ihre geistige Klarheit in Betracht ziehen müssen, den Aspekt des »Losgelöstseins« von einem Problem. Wenn wir eng in eine Situation verstrickt sind, wenn wir zu dicht an einer Schwierigkeit sind, nehmen wir das Problem nur sehr eingegrenzt wahr.
Diese Eingrenzung der Sichtweise gilt es zu durchbrechen, und das bedeutet ganz einfach, daß Sie ei-

nen Schritt zurück gehen, um von Ihrem Problem Abstand zu gewinnen. Diese einfache geistige Verlagerung läßt dann eine andere, umfassendere Sicht der Dinge zu.

Das Losgelöstsein hat sowohl auf die emotionale Aufladung als auch auf die geistige Perspektive einen direkten Einfluß. Je distanzierter wir einen Konflikt betrachten, desto weniger spüren wir den emotionalen Aufruhr dieses Konflikts. Der Schritt zurück ist oft die einfachste Möglichkeit, sich aus einer übermäßig emotionalen Situation zu befreien. Wenn Sie zum Beispiel spazierengehen und die grundlegenden Atem-Bewußtseins-Meditationen und anschließend die sieben soeben aufgeführten Schritte zur Gewinnung geistiger Klarheit machen, werden Sie gewöhnlich eine tiefergehende Einsicht in Ihr vorliegendes Problem gewinnen. Dies ist äußerst ratsam, aber allzu oft vergessen wir ganz einfach, ein Problem aus der Distanz zu beurteilen.

Wenn es einem gelingt, sich loszulösen, wird man nicht nur seinen eigenen Standpunkt sehen können, sondern auch andere Sichtweisen werden offenbar.

Wenn man zwischenmenschliche Konflikte erfolgreich lösen will, so muß man auch die Sichtweisen des anderen in Betracht ziehen. Gehen Sie jetzt die Fragen in den oben angeführten sieben Schritten durch, und versuchen Sie, diese Fragen aus der Sicht des anderen Menschen zu beantworten. Solch eine geistige Übung kann sehr effektiv Ihr Verständnis davon, was für die Lösung des Problems erforderlich ist, verändern.

Wenn Sie sich in einen anderen Menschen versetzen, werden Sie gewöhnlich merken, daß Sie selbst auch Teil seines Problems sind. Und wenn Sie sich in diesem Licht sehen, werden Ihnen aus der Intuition sicher einige Einfälle zur Problemlösung zuteil.

Ich weiß, daß viele dieser Schritte, die ich Ihnen hier unterbreite, ziemlich simpel sind. Man könnte meinen, daß jeder, der ein Problem hat, ganz von selbst diese Schritte macht, ohne dabei ein Buch wie dieses zu benötigen. Aber in der Praxis sieht es häufig so aus, daß wir die naheliegenden Schritte nicht unternehmen. Vor allem wenn uns ein Problem emotional bewegt, hat unser rationaler Verstand Funktionsstörungen, und wir machen grundlegende Fehler beim Problemlösungsprozeß.

Einsichten kommen natürlich nicht immer von innen heraus. Sehr oft kann uns ein Außenstehender neue Einsichten vermitteln. Ich betone, daß uns ein Mensch, der in unser Problem nicht involviert ist, durch seine Distanz, sein Losgelöstsein und seine ruhige Art, die Situation zu sehen, beim Problem helfen kann.

Wir werden auf diese Themen im Verlauf unserer Erörterung immer wieder eingehen, weil es viele Ebenen gibt, die bei der Frage der Perspektive in Betracht gezogen werden müssen.

Denken Sie jetzt einmal darüber nach, wie Sie Ihr Problem gerade sehen. Könnte Ihre Sicht des Problems eingegrenzt sein? Gibt es Möglichkeiten, Ihr Problem zu sehen, die Sie bisher noch nicht berücksichtigt haben? Gibt es Menschen, zu denen Sie mit Ihrem Problem gehen können, denen Sie vertrauen können, und deren Meinung Sie einholen können?

Ich bin mir darüber im klaren, daß Sie während der ersten Lektüre dieses Textes versucht sind, diese Fragen ganz schnell durchzulesen, um zum nächsten Kapitel überzugehen, ohne tiefgehend über jeden einzelnen Punkt nachzudenken. Das ist ganz in Ordnung so und auch natürlich. Aber ich hoffe, daß Sie dieses Buch als ein Handbuch begreifen, das Sie, wenn es nötig ist, zu Rate ziehen können. Diese wichtigen Fragestellungen und die kognitiven Vorbereitungen werden Ihnen bei jedem neuen Problem helfen, angemessen mit ihm umzugehen.

5

Enthusiasmus und Erfolg

Vielleicht sollte ich dieses Kapitel mit der Wieder-
holung der fünf Hauptbestandteile einleiten, die
traditionell mit dem intuitiven Zustand in Verbindung gebracht werden. Wir haben bereits einige
erörtert, wie beispielsweise das Losgelöstsein. Wir
haben auch bereits unsere Diskussion über den Zustand des entspannten Genießens der Gegenwart
begonnen und währenddessen die Eigenschaft der
geistigen Klarheit beleuchtet. Aber es bleiben noch
zwei Eigenschaften, die ich hier nun gerne behan-
deln will, Eigenschaften, die vielleicht subtiler
sind, aber die auf das Fällen einer Entscheidung
großen Einfluß haben können.
Diese Eigenschaften sind der Enthusiasmus und
die Einfachheit. Was fällt Ihnen, wenn Sie das Buch
beiseite legen, Sie vier Atemzüge lang innehalten
und vielleicht Ihre Augen schließen, zum Wort
»Enthusiasmus« ein?

Gewöhnlich assoziieren wir mit dem Wort Enthusiasmus jugendliche Eigenschaften. Kinder scheinen sich für das, was sie machen, zu begeistern. Ihr
Interesse ist groß, sie haben einen aufgeweckten

und eifrigen Geist, ihre intuitive Wahrnehmung ist präzise und gleichmäßig. Das Wort, das aus dem Griechischen stammt, bedeutet »vom Geist der Götter erfüllt sein«. Wenn Sie Ihre gegenwärtige Haltung gegenüber Ihrem Problem oder Ihrer Herausforderung betrachten, gehen Sie da mit Begeisterung an deren Lösungen heran? Haben Sie da diesen Eifer, diese Offenheit, diesen positiven Geist, der in Ihnen lodert, wenn Sie über Ihre gegenwärtige Situation nachdenken?

Ein Kind beschäftigt sich mit etwas entweder mit voller Begeisterung, oder es ist überhaupt nicht interessiert. Seine Aufmerksamkeit ist entweder völlig auf die Situation gerichtet, oder es ist ganz woanders. Es scheint da keinen Mittelweg zu geben. Ein Kind ist entweder ganz dabei oder gar nicht. Ein kleines Kind macht Dinge entweder mit Eifer und Neugierde, oder es läßt es ganz sein. Erst dann, wenn Regeln und Vorschriften, Bestrafungen und Ansporn über den kindlichen Verstand herrschen, ist es möglich, das Kind zu etwas zu zwingen, was es nicht mit Begeisterung tut.

Es ist deshalb angemessen, Enthusiasmus mit freiem Spiel zu assoziieren. Wenn wir das tun, was wir tun wollen, wenn es mehr ein Spiel denn Arbeit ist, dann sind wir voller Begeisterung dabei und hören erst dann auf, wenn wir es wirklich wollen.

Wir haben gesehen, daß die gleiche Situation entweder eine positive Herausforderung oder ein negatives Problem darstellen kann, je nachdem, welchen Standpunkt wir einnehmen und welches Gefühl wir für Erfolg oder Mißerfolg haben. Wenn wir mit einer positiven Herausforderung konfrontiert sind, die wir gerne und auch erfolgreich bewältigen wollen, merken wir, daß wir begeistert an die Arbeit gehen, genauso begeistert, wie wir es als kleine Kinder waren, als wir das spielen konnten, was wir wollten. Dieser Geist lebt in den meisten von uns weiter, aber nur mit halber Kraft. Wir genießen es, wenn wir etwas tun können und haben Spaß an Herausforderungen. Aber wenn wir die Situation als Problem ansehen, wenn sie in Arbeit ausartet, die wir am liebsten nicht machen würden, dann wird der Enthusiasmus gegen Sorgen, manchmal auch Depressionen und sogar Wut eingetauscht. Wir können nicht nur voll Wut über etwas sein, weil wir es schwer mit unserem Problem haben, sondern auch weil wir gerade zu diesem Zeitpunkt überhaupt nichts damit zu tun haben wollen.

Der erste Schritt, um mehr Enthusiasmus für eine Situation aufzubringen, besteht darin, sich einmal die gegenwärtige Vorgehensweise im Hinblick auf die Herausforderung oder das Problem genau anzusehen. Ist letztendlich Ihre Situation für Sie eine Herausforderung oder ein Problem? Wollen Sie an dem Kampf um eine Lösung dieser Situation beteiligt sein, oder ziehen Sie es vor, lieber überhaupt nichts damit zu tun zu haben? Um diese Frage ehrlich beantworten zu können, ist es wichtig, die intuitiven Blockaden zu durchbrechen. Allzu oft wollen wir uns selbst davon überzeugen, daß wir die mißliche Lage in unserem Leben akzeptieren und genießen, obwohl das kleine Mädchen oder der kleine Junge in uns genau das Gegenteil fühlt. Das Ergebnis ist ein unbewußtes Rebellieren gegen unseren inneren wilden Geist, eine Rebellion, die emotionale Unruhen schafft, und die dann jede Anstrengung untergraben kann, die zum Erfolg führen soll.

Wenn ich mit Patienten an diesem inneren Konflikt gearbeitet habe, war die Lösung oft ganz einfach zu finden. Die Situation mag die gleiche geblieben sein, da das Problem immer noch bewältigt werden mußte, und es sich um eine grundsätzliche, unvermeidbare Lebenskrise handelte. Aber die Einstellung, mit der der Erwachsene eine Situation angeht, kann dahingehend verändert werden, daß das innere Kind im Erwachsenen einen positiven Weg findet, um mit dieser Situation umzugehen. Das bedeutet, daß das Problem unter neuen Aspekten gesehen werden muß, und zwar so, daß es irgendwie zum Spaß, Spiel und Abenteuer wird und nicht als Arbeit, Verantwortung und Schinderei angesehen wird.

Die Einstellung, der Zugang zu einer Situation, ist sehr oft die erste Variable, die im Hinblick auf eine positive Lösung verändert werden kann. Aber unsere Einstellungen haben sich so verfestigt, daß wir nicht in der Lage sind zu realisieren, daß wir die Kraft haben, unseren Standpunkt im Hinblick auf die Situation zu verändern. Wir sind in der Lage, Arbeit in Spiel und Schinderei in Spaß zu verwandeln. Es ist eine Tatsache, daß die Erziehung in unserer Kultur dazu neigt, sehr oft Spaß und Spiel dann negativ zu bewerten, wenn die vorliegende Situation ernst ist. Wir haben sehr viele unausgesprochene Bewertungssysteme, die den spielerischen Zugang zu den Problemen der Erwachsenen nicht zulassen. Wir glauben, daß unser ausgereifter Sinn für Verantwortung verschwindet, wenn wir unseren kindlichen Enthusiasmus ins Spiel bringen. Aber ist das tatsächlich wahr?

Mit intuitiver Eingebung assoziiert man weder Arbeit noch Verantwortung. Die Arbeit folgt vorgegebenen Wegen und die Verantwortung wohlgeordneten Kriterien. Wenn man also ein Problem bearbeitet, die schwere Last der Verantwortung auf seinen Schultern spürt, dann ist die Muse der Intuition selten gegenwärtig. Die Arbeit geschieht innerhalb eines spezifischen Konzeptes. Und wenn man aus diesem Konzept ausbricht, weil man vielleicht einen guten Einfall hat, wird die Arbeitsstruktur verletzt, und es besteht sogar die Möglichkeit, mit Sanktionen bedacht zu werden, statt Anerkennung zu finden.

Wann ist man gewöhnlich offen für Intuition? Meistens immer genau dann, wenn die Arbeit aufhört, genau dann, wenn man seine Pflicht erfüllt hat und Zeit für Spaß ist.

Folgendes passiert: Während wir den jugendlichen Geist des Spielers in uns wecken, unsere Gedanken freisetzen und über die Begrenzungen der Arbeitsmentalität hinauswachsen, spüren wir den Enthusiasmus in uns. Warum sollte man, was für die kreativen Elemente im Leben gilt, nicht auch in der Arbeitswelt akzeptieren? Beide Bereiche mögen zwar unterschiedliche Funktionen haben, aber sie sind dennoch eng in einem tieferen Ganzen verbunden. Beim Spiel kommen uns originelle Einfälle, und die Arbeit ist der Ort, wo wir sie umsetzen. Spiel ist das kreative Element, Arbeit das produktive Element. Am besten wäre für uns, besonders für uns Erwachsene, ein gesundes Gleichgewicht beider Elemente. Es gibt bei jeder Situation die Möglichkeit, irgendeine Form von Freude bei der Arbeit zu finden. Unsere Kreativität ist dann in ihrem Element, wenn sie Spaß an der Arbeit findet und Begeisterung in den praktischen Problemlösungsprozeß bringen kann.

Ich betone es noch einmal, daß die Atmung ein überaus wichtiges Mittel ist, um Begeisterung in den Problemlösungsprozeß zu bringen. Wenn Sie innehalten und Ihrer Atmung freien Lauf lassen, sie beliebig kommen und gehen lassen, dann befreien Sie das innere Kind in sich und wecken Ihren Sinn für Begeisterung.

Es ist mitunter schrecklich anzusehen, wie wir unsere Atmung einengen und hemmen, wenn wir an einem Problem arbeiten. Viele Untersuchungen haben gezeigt, daß Menschen die Angewohnheit haben, beim Arbeiten ihre Atmung zu hemmen. Diese Gewohnheit stammt meist aus der Schulzeit, wenn wir als Kind versucht haben, eine Aufgabe zu lösen und Angst (Atembehinderung) davor hatten, das Problem nicht lösen zu können. Solange wir mit unseren Atemgewohnheiten unbewußt umgehen, sind wir ihre Opfer — mit all den negativen Auswirkungen, von denen wir bereits gesprochen haben.

Aber sobald wir auf unsere Atmung achten und sie beobachten und ihr freien Lauf lassen, das auszudrücken, was sie im gegenwärtigen Augenblick ausdrücken will, dann sind wir auf dem Weg, uns neuen Einsichten unverkrampft zu öffnen. Das bedeutet in der Praxis, daß Sie, während Sie in einem Problemlösungsprozeß sind, alle paar Minuten eine Pause machen, und zwar vier Atemzüge lang, um die Fenster für Enthusiasmus und Einsicht aufzumachen. Sie müssen sich nur selbst daran erinnern, dies auch zu tun.

Wann macht etwas überhaupt Spaß?

Etwas macht vor allen Dingen dann Spaß, wenn wir es gern tun, wenn wir der Herausforderung gewachsen sind, wenn wir aus eigener Entscheidung aufhören und uns anderen Dingen zuwenden können, wenn wir uns beim Tun einfach wohlfühlen. Wir neigen dazu, uns dieses Wohlgefühl nicht zu-

zugestehen. Wir müssen aber in Betracht ziehen, wie sich unser Körper fühlt, während wir versuchen, uns aus einer mißlichen Lage zu befreien. Wenn wir uns die Freiheit lassen können, uns zu bewegen, unsere Muskeln zu stimulieren und den Geist in unserem Körper lebendig zu halten, während wir mit unserem Problem kämpfen, dann können wir auch Spaß empfinden.

Ich möchte Ihnen nun Gelegenheit geben, darüber nachzudenken, was Spaß überhaupt ist, was Sie sich darunter vorstellen. Haben Sie oft Spaß an etwas? Spielen Sie gerne und amüsieren Sie sich gerne? Fühlen Sie sich im allgemeinen wohl in Ihrem Körper? Und wissen Sie, wie sich eine Arbeitssituation so verändern läßt, daß sie Ihnen Vergnügen bereitet? Legen Sie das Buch beiseite und lassen Sie sich für diese Fragen ein paar Atemzüge lang Zeit.

Probleme haben die Tendenz, nach und nach komplexer zu werden. Jedesmal, wenn wir unseren Verstand auf ein Problem ansetzen, neigen wir dazu, ein noch komplexeres Lösungskonzept zu entwerfen. Wir glauben zu wissen, daß das einfache Konzept, das wir haben, nicht erfolgbringend funktioniert, und fügen — im doppelten Wortsinn — logischerweise weitere Teilkonzepte hinzu, um einen erfolgreichen Spielplan aufzustellen. Irgendwann erreicht unser Konzept einen Zustand der Kompliziertheit, der keine Lösung mehr erkennen läßt. An diesem Punkt macht sich Verzweiflung breit; eine Lösung des Problems scheint unmöglich geworden zu sein; man sieht sich als Versager.

In dieser Situation ist es nötig, die zuvor beschriebene Distanz zum Problem wieder herzustellen, um sich der Intuition öffnen zu können. Und oft sind es dann überraschend direkte Lösungswege, die uns der intuitive Geist bietet. Große Einsichten in tiefliegende Probleme sind fast immer einfache Einsichten.

Unsere Welt ist komplexer geworden. Unsere Computer können so ungeheuer vielschichtige Daten ausspucken, so daß unser einfacher menschlicher Verstand vor deren Komplexität zurückschreckt. Wir haben sehr oft die innere Weisheit verloren, daß Einfachheit häufig besser als Komplexität ist. Weil wir den logischen Denk- und Lösungsstrategien so hohen Wert beimessen, legen wir viel Gewicht auf Lösungen, die sehr komplex und differenziert sind. Aber bei alltäglichen Problemen ist die Lösung, die in der Praxis funktioniert, meistens die einfache. Wir müssen also dazu bereit sein, von komplizierten Konzepten zu lassen, um für eine einfache Erkenntnis Platz zu machen. Wir müssen dazu bereit sein, unseren Stolz zu opfern, und uns einzugestehen, daß uns die Logik nicht immer zum Ziel führt, wenn wir uns dafür öffnen wollen, daß uns die intuitive Weisheit den Kern des Problems zeigt.

Vielen von uns bietet die Einfachheit die Lösung

für manche grundlegenden Probleme des Lebens. Komplexe und komplizierte Lebensumstände lassen uns ganz tief im Inneren spüren, daß wir das Leben nicht genießen. Und das ist sehr oft das zugrundeliegende Problem — wir finden keinen Spaß am Leben!

Spaß erfordert freie Zeit.

Wenn wir aber den ganzen Tag in unseren Gedanken damit beschäftigt sind, was wir noch zu tun haben, uns ständig darüber Sorgen machen, was aus unseren Plänen werden wird, unsere Minuten und Stunden so einteilen, daß wir alles erledigen können — dann lassen wir uns keine Zeit, um uns zu entspannen und Muße zu finden. Und wir lassen uns auch keine Zeit und keinen Raum für die Intuition, die uns dabei helfen könnte, unser Leben klarer zu sehen und es befriedigender auszufüllen. Was würde es bedeuten, ein einfacheres Leben zu führen? Was würden Sie tun, wenn Sie mehr freie Zeit hätten? Was würde in Ihrem Leben passieren, wenn Sie sich mehr Raum dafür ließen, sich intensiv mit einigen wenigen erfreulichen Herausforderungen auseinanderzusetzen, statt mit der gegenwärtigen Fülle von Problemen fertig werden zu müssen? Entstehen nicht die meisten Probleme aufgrund einer zu großen Komplexität im Leben?

6

Mit dem ganzen Körper denken

Nachdem die Indianer Nordamerikas zum ersten Mal mit Weißen in Kontakt gekommen waren, schien es ihnen seltsam, auf welch ganz andere Art die Weißen denken, denn sie bezogen beim Denken ihren ganzen Körper mit ein, überließen es nicht ausschließlich dem Kopf. Zum Beispiel sprechen die Indianer davon, mit dem Herzen oder mit dem Bauch denken zu können.

Aber die Weißen schienen ausschließlich mit dem Kopf zu denken und hatten zum Rest ihres Körpers keinen Bezug. Und für die Indianer war ein solches »Kopf-Denken« sowohl töricht als auch gefährlich und »herzlos«. Man kann allgemein sagen, daß die kleinen Kinder in der indianischen Tradition gelernt haben, sich ihres ganzen Körpers bewußt zu sein, wenn sie über eine schwierige Situation nachdenken. So können viele Aspekte, nicht nur die rationalen, sondern auch die spirituellen, emotionalen und intuitiven berücksichtigt werden.

Sie werden sich daran erinnern, daß ich Sie dazu ermuntert habe, bei dem Versuch ein Problem zu lösen, alle extremen Emotionen beiseite zu legen. Aber gleichzeitig habe ich auch gesagt, daß es noch tieferreichende, feinere Gefühle gibt, die immer mit der Aktivierung der intuitiven Denkweise einhergehen. In der Tat wird die Einsicht immer von besonderen Gefühlen begleitet, bei denen der ganze Körper Anteil an der Erkenntnis hat, nicht nur der Kopf.

Die Energiezentren des Körpers wirken bei einem intuitiven Erlebnis; man spürt, wie die Energie fließt.

Wenn Sie sich aber bei einer Problemlösung nur Ihres Kopfes bewußt sind, wenn Sie keine Verbindung zu Ihrer Atmung, Ihrem Herzschlag, Ihrem Kraft- und Sexualzentrum haben, dann sind Sie für Intuitionen verschlossen. Des weiteren schneiden Sie sich auch von einem anderen lebenswichtigen Aspekt Ihres Wesens ab, nämlich von dem Gefühl der persönlichen Kraft. Man findet dieses Konzept von persönlicher Kraft in vielen Traditionen, vor allem bei den amerikanischen Indianern, den chinesischen Taoisten und den japanischen Samurai — immer dann, wenn Menschen den ganzen Körper in das Denken einbeziehen, gibt es auch das Konzept von der Kraft im ganzen Körper.

Die Aufrechterhaltung eines verstärkten Gefühls persönlicher Kraft ist vielleicht die beste Möglichkeit, frei von Angst und Streß zu bleiben, wenn man mit einem Problem zu kämpfen hat. Viele Menschen kennen dieses Gefühl von persönlicher Kraft, das nicht so sehr mit körperlicher Kraft zu tun hat, als vielmehr mit dem Potential zu handeln, wenn die Zeit es erfordert. Aber wenn wir nur mit dem Intellekt unsere Sorgen bekämpfen, wenn wir bei diesem Prozeß den Kontakt zu unserem Körper verlieren, dann gehen wir des Kontakts zu dem Gefühl von persönlicher Kraft in unserem Körper verlustig. Wenn dann die Zeit gekommen ist, unsere Pläne klar darzulegen, fühlen wir uns oft wankelmütig und schwach, und es fehlt uns die Bereitschaft, mit dem ganzen Körper zu handeln.

Ich habe Ihnen bereits erste Hinweise dafür gegeben, wie man sich seines ganzen Körpers bewußt sein kann, und zwar durch bewußtes Atmen, durch Bewegung und durch weitgefaßte Wahrnehmung. Wir werden uns im nächsten Kapitel mit den Übungen dazu befassen. Zunächst möchte ich Sie einfach dazu ermuntern, Ihre Denk-Gewohnheiten zu beobachten, ob Sie Ihren ganzen Körper mit einbeziehen. Können Sie zum Beispiel mit Ihrem Herzen denken? Spüren Sie Ihre Füße auf dem Boden bei dem Versuch, über ein Problem nachzudenken? Sind Sie sich der Energiezentren, die entlang der Wirbelsäule verlaufen, bewußt?

Wenn Sie möchten, können Sie jetzt einen Moment innehalten. Schließen Sie dabei die Augen und beobachten Sie Ihre Atmung. Lenken Sie dann Ihre Aufmerksamkeit auf die Wirbelsäule und schauen Sie einmal, ob Sie fühlen können, wie sich Ihr Gehirn bis hinunter in Ihren Körper zu einem einheitlichen Energiefluß und Handlungspotential ausweitet.

7

Wahrnehmungsveränderung

Wir haben bereits erörtert, wie unsere Wahrnehmungsgewohnheiten mit unseren geistigen Gewohnheiten Hand in Hand gehen. Ich möchte Sie
in diesem Kapitel mit den praktischen Schritten
vertraut machen, die Sie machen können, um Ihre
punktuelle Sehweise so zu verändern, daß Sie zu
einer erweiterten Sehweise in der Lage sind. Anschließend können wir untersuchen, inwieweit
diese visuelle Veränderung starke innere Veränderungen erzeugen kann, vom Denken mit dem ganzen Körper bis hin zum intuitiven Denkprozeß.
Der erste Schritt in diesem Prozeß besteht darin,
die Aufmerksamkeit auf Ihre Atmung zu lenken.
Beobachten Sie den Ablauf einiger Atemzüge und
versuchen Sie dabei, diese nicht zu verändern. Das
stimmt Sie auf Ihren gegenwärtigen körperlichen
Zustand ein und macht Sie für Ihren ganzen Körper offen.

Nachdem Sie diesen Abschnitt gelesen haben,
schauen Sie sich einfach in Ihrem Zimmer um, und
lassen Sie Ihre Augen von einem Punkt zum anderen wandern, ohne daß Sie dabei Ihr Sehen in ir-

gendeiner Form kontrollieren. Während Sie sich im Zimmer umschauen, atmen Sie bewußt weiter und versuchen Sie einmal, das Gefühl gleichzeitig zu atmen und zu sehen wahrzunehmen.

Und jetzt entspannen Sie sich und lassen Sie Ihre Augen sich durch das Zimmer bewegen, ohne daß Sie bestimmte Dinge einzeln wahrnehmen. Erspüren Sie die Luft um sich herum, ohne daß Sie dabei bestimmte Objekte fixieren. Bleiben Sie sich dabei immer Ihrer Atmung bewußt und genießen Sie auch die Veränderung, die Sie vielleicht in Ihrer Wahrnehmung mit dem ganzen Körper empfinden. Diese Art des Sehens macht Sie sowohl für die inneren Gefühle bewußt als auch für die äußeren Wahrnehmungen.

Und wenn Sie in diesem Zustand des erweiterten Sehens sind, und sich gleichsam Ihres inneren Körpers und der Außenwelt bewußt sind, dann lassen Sie Ihre Gedanken sanft in die Richtung Ihres Problems wandern, während Sie sich Ihrer Atmung und Ihres Sehens bewußt bleiben.

Sich seiner Atmung bewußt zu sein und sich gleichzeitig dem Prozeß des Denkens zu öffnen, wird häufig eine erweiterte geistige Denkweise aktivieren. Wir gelangen hier zu dem Kernpunkt der Erörterung von Intuition, während ich Ihnen eine der kraftvollsten und natürlich auch einfachsten Techniken zur Aktivierung der Intuition gebe. Wiederholen Sie die eben angeführten vier Schritte und erleben Sie den Prozeß noch einmal.

Jedesmal, wenn Sie diesen Prozeß der Wahrnehmungsveränderung durchlaufen, werden Sie eine einzigartige Erfahrung erleben, die Sie natürlich nie zweimal in Ihrem Leben machen können, denn mit jedem gelebten Augenblick entwickeln Sie sich und sind vom gegenwärtigen Augenblick beeinflußt. Jedesmal also, wenn Sie sich Ihre Atmung anschauen, werden Sie in Ihrem Inneren wieder ein neues Gefühl vorfinden. Darin liegt die Schönheit, sich der intuitiven Denkweise zuzuwenden, im Gegensatz zum Verharren innerhalb statischer Lösungsmuster, die sich in der Tat kaum verändern. Gefühle sind immer neu, und die direkte Wahrnehmung der Außenwelt ist immer eine einzigartige Erfahrung. Und in diesem einzigartigen Gefühl des gegenwärtigen Augenblicks kann sich der intuitive Geist vom Konzept lösen, an das sich Ihre Gedanken klammern. Es ist so in der Lage, Ihnen Einsicht in neue Gedanken zu gewähren.

Vielleicht möchten Sie herausfinden, ob Sie positive Wahrnehmungsgewohnheiten entwickeln können, um Ihr intuitives Fenster öffnen zu können. Nehmen Sie sich vielleicht einmal pro Stunde die Zeit, um diese Vier-Phasen-Meditation zu machen. Sie brauchen dazu nur ein paar Minuten Zeit. Mit Hilfe dieser Meditation erfahren Sie eine Bewußtseinserweiterung. Es spielt überhaupt keine Rolle, was Sie in dieser Zeit machen, diese Atemübung wird Ihnen frische Gedanken schenken, ein neues Gefühl dafür, den gegenwärtigen Moment des Daseins zu genießen.

Ich möchte Ihnen noch zur Ermunterung sagen, daß es eine gewisse Zeit dauert, diese Fähigkeit zu entwickeln, sich nicht mehr auf einen bestimmten Gegenstand zu fixieren. Lassen Sie sich bitte dadurch nicht frustrieren! Nehmen Sie diese Übung als eine positive Herausforderung und arbeiten Sie so lange mit ihr, bis sich eine Eingebung bietet, und Sie werden selbst merken, was ich damit meine, wenn ich von erweitertem Sehen spreche.

8

Kreative Ausgelassenheit

Eine unserer großen Herausforderungen, wenn wir aus unseren begrenzten Denkstrukturen ausbrechen wollen, besteht darin, den Verstand in seinem Fluß der Gedanken zu unterbrechen, und wenn es nur für kurze Zeit ist. Solange unser Gehirn logische Gedanken verarbeitet, gibt es einfach für jegliche Art der Intuition keinen Platz.

Wir alle sind ständig im »inneren Dialog«, der die allermeiste Zeit unseren Verstand auszufüllen scheint. Entweder wir beschäftigen uns mit Erlebnissen aus der Vergangenheit, denken über irgend etwas in der Zukunft nach, oder wir spielen Phantasien durch. Unser Geist ruht selten und ist fast nie frei von Gedanken.

Wir haben aber bereits gesehen, daß die intuitive Muse erst dann zu uns kommen kann, wenn wir unseren Geist zur Ruhe bringen, unseren Körper entspannen und unser Wesen mit der direkten Erfahrung des gegenwärtigen Augenblickes füllen. Wir müssen frei von Gedanken sein, damit wir uns mit Intuition füllen können.

Wie können wir uns in der Praxis von Gedanken frei machen? Ein hervorragendes Mittel ist die Meditation zur Erweiterung der Wahrnehmung oder die Meditation zur Veränderung der Wahrnehmung, die ich Ihnen im vorangegangenen Kapitel vorgestellt habe. Ich möchte Ihnen jetzt noch weitere Wege anbieten.

Wir haben bereits in einem früheren Kapitel gesehen, wie das Spiel der Intuition Auftrieb gibt.

Wenn Sie ganz einfache Dinge finden, die Sie machen können, um Ihr spielerisches Wesen zu aktivieren, werden Sie sehr schnell Zugang zu Ihrer Kreativität finden.

Ich möchte Ihnen gerne einige grundlegende Techniken zur Förderung Ihrer schöpferischen Ausgelassenheit anbieten, und daraus können Sie Ihre eigenen Varianten entwickeln.

Sie können beispielsweise nach der Lektüre dieses Abschnittes Ihr Buch beiseite legen und irgendeinen kleineren Gegenstand, der gerade greifbar ist, ein paarmal in die Luft werfen und ihn wieder fangen. Probieren Sie alle möglichen Arten aus, machen Sie ein kreatives Spiel daraus. Beobachten Sie dabei, wie sich Ihre Atmung verändert, während Sie mit Ihrem Gegenstand spielen.

Was wir hier machen, ist ein weiteres Wahrnehmungsspiel, das Ihre visuelle Erfahrung ebenfalls verändert — diesmal dadurch, daß Sie jetzt beobachten, wie sich etwas durch den Raum bewegt, das Sie im vorangegangenen Kapitel nur statisch erlebt haben. Das Wurfspiel erweckt sofort das Gefühl der

Bewußtheit dem ganzen Körper gegenüber, aktiviert Ihre persönliche Kraft und erlaubt es Ihnen, Ihre gesamte Konzentration auf etwas zu lenken, das überhaupt nichts mit dem zu tun hat, worüber Sie gerade nachgedacht haben. Kurz gesagt, das Wurfspiel zwingt Sie dazu, mit dem Denken aufzuhören und mit dem Handeln zu beginnen. Wenn Sie dem Spiel nicht Ihre ganze Aufmerksamkeit schenken, werden Sie wahrscheinlich Ihren Gegenstand fallen lassen. Das kreative Spielen zwingt Sie dazu, Ihre volle Aufmerksamkeit darauf zu richten. Es ist eine Herausforderung, an der Sie aber Freude haben werden, und zwar weil es Spaß macht und wirklich ohne Verantwortung und Denken geschieht. Sie gönnen sich während der Arbeit einfach eine Pause, damit Sie das Bewußtsein für den jetzigen Augenblick wiedergewinnen können.

Zu dieser Übung brauchen Sie ebenfalls nur eine Minute Zeit, es ist wie eine Atempause vor der geistigen Konzentration, um einen neuen Blick für das, was Sie gerade tun, bekommen zu können. Und wenn Sie beim Wurfspiel vor sich hinpfeifen oder vor sich hinsummen, dann wird Ihr Verstand frei von Gedanken sein, das versichere ich Ihnen.

Ein weiteres wunderschönes Übungsspiel, das Sie mit sich selbst machen können, ist aufzustehen, sich auf die Atmung zu konzentrieren, sich im Zimmer umzuschauen, den Körper dabei zu spüren und dann ein Bein vom Boden zu heben.

Gleichgewicht!

Sie können Ihr freies Bein kreisen lassen, und zwar heftig genug, um die Beibehaltung des Gleichgewichts zu einer Herausforderung zu machen. Während Sie das tun, werden alle Gedanken weichen und Ihre ausschließliche Aufmerksamkeit wird dem Gleichgewicht gelten.

Wenn das für Sie eine zu einfache Herausforderung ist, können Sie dabei Ihre Augen schließen und sehen, was passiert. Sie können auch während des Balancierens das Wurfspiel machen. Wechseln Sie dabei immer wieder das Standbein, damit Sie nicht ermüden. Und wenn Ihnen das zu anstrengend scheint, können Sie im Zimmer herumlaufen und das Wurfspiel machen.

Kreative Spiele, auch Ihre eigenen Varianten, sollten immer Spaß machen, nicht zu schwierig und keine Spur langweilig sein. Außerdem sollte die Übung einfach und nicht anstrengend sein.

9

Wandel der Einstellungen

Wir neigen dazu, von unseren Einstellungen nicht abzurücken, und wir haben Angst, wenn unsere gerngehegten Einstellungen bedroht werden. Und wir sind stolz und triumphieren, wenn sich unsere Einstellungen — im Gegensatz zu denen anderer — als richtig herausstellen.

Einstellungen sind tatsächlich so ziemlich das gleiche wie Glaubenssysteme. Wir glauben, daß wir im Recht sind und wir sind jedesmal zutiefst beunruhigt, wenn unsere Glaubenssysteme angegriffen werden.

Was passiert nun, wenn sich unsere Einstellung zu einer Sache als falsch erwiesen hat?

Zuallererst wollen wir den Beweis, daß wir Unrecht hatten, nicht wahrnehmen. Wir zögern lange unsere Einstellung, auf die wir vertrauen, aufzugeben, vielleicht weil wir viele andere Einstellungen und Glaubenssysteme haben könnten, die von dieser bestimmten Einstellung abhängen. Wir befürchten, daß unser gesamtes System zusammenbrechen könnte, falls sich herausstellt, daß auch nur ein einziger Teil falsch ist. Mit einem Satz: Wird eine Einstellung unseres Gedankensystems bedroht, so fühlen wir uns als Ganzes bedroht. Eine solche Bedrohung erzeugt in uns eine enorme Angst, und wenn unsere Konzepte mit der Realität nicht übereinstimmen, dann sind wir wirklich in ernstlichen Schwierigkeiten. Deshalb ändern Menschen nur langsam ihre Einstellungen, ihre Glaubenssysteme, ihre grundsätzlichen Konzepte, mit denen sie die Welt sehen.

Wie ich bereits schon erwähnt habe, ist dies einer der Hauptgründe dafür, warum wir dazu neigen, die intuitive Denkweise zu blockieren — weil jede neue Einsicht ein altes Konzept bedrohen kann. Und man kann vorher nie wissen, wann die Intuition zu einem kommt und die meist so geliebten Glaubenssysteme erschüttert. Was können wir also tun, wenn wir diese Angst vor einer Veränderung unserer Glaubenssysteme haben und gleichzeitig ein großes Bedürfnis verspüren, Einsichten in ein bestimmtes Problem zu gewinnen?

Der erste Schritt besteht darin, sich bewußt zu machen, welchen Widerwillen wir, ganz tief unten, dagegen haben, unsere begrifflichen Strukturen zu verändern. Solange die Angst vor Veränderung bewußt bleibt, hat sie großen Einfluß auf unseren Verstand und dominiert im Kampf um die Einsicht. Wir haben natürlich Angst davor, zugeben zu müssen, im Unrecht zu sein. In früheren Zeiten war die Frage des Einstellungswandels nicht von großer Bedeutung, weil nur langsam Veränderungen der Glaubenssysteme eintraten. Die Konzepte, die man

68

von Kindheit an vermittelt bekam, waren fürs ganze Leben gedacht, denn sowohl moralisch-ethische wie wissenschaftliche Grundsätze waren relativ stabil. Der Weg zum Erfolg und zum Glück im Leben bestand darin, die allgemein geltenden Konzepte von den Alten in der Gemeinschaft zu lernen und an diesen Konzepten ohne Hinterfragen völlig festzuhalten.

Aber in neuester Zeit, besonders seit den letzten zwei- oder dreihundert Jahren, wandelt sich die Welt immer schneller. Aber gleichzeitig versuchen wir — wie in der Vergangenheit — an Absolutem und Gewohntem festzuhalten. Erfolg und Erfüllung im Leben findet jedoch derjenige, dem es am leichtesten fällt, diese überkommenen Konzepte aufzugeben und der in der Lage ist, seine inneren Glaubensstrukturen der Realität anzupassen. Wieder einmal finden wir die grundsätzliche Interaktion zwischen Konzepten und Denkstrukturen, die auf gewonnenen Erfahrungen beruhen einerseits, und direkten Wahrnehmungen und intuitiven Erkenntnissen andererseits, die auf der Bewußtheit des gegenwärtigen Augenblicks basieren. Und wieder scheint es angebracht, nach einem gesunden Gleichgewicht innerhalb beider Formen zu suchen, anstatt dem einen oder anderen Extrem zu stark verhaftet zu sein.

Für die meisten von uns heißt das, daß sie die Trägheit des Verstandes besiegen und es zulassen müssen, daß unsere Glaubensstrukturen regelmäßig wachsen, um mit der Evolution unserer Kultur in Kontakt zu bleiben. Sonst werden an irgendeinem Punkt unsere Konzepte so veraltet sein, daß wir uns plötzlich einer Krise gegenübersehen.

Viele unserer schwerwiegenden Probleme haben genau mit dieser Entwicklung zu tun. Unser altes begriffliches Auffassungsvermögen wird der realen Situation nicht mehr gerecht, aber wir weigern uns, die Veränderung, die stattgefunden hat, anzuerkennen und bekämpfen die Realität. Viele Beziehungsprobleme haben ihre Ursache in dieser Einstellungsproblematik. Der Mensch, den man liebt, hat sich weiterentwickelt, aber man selbst sieht ihn oder sie immer noch in der alten Form und das schafft Konflikte.

Es gibt zwei Möglichkeiten, sich aus dem Konflikt zu befreien: Entweder man wirft diese Konzepte über Bord, reflektiert seine Situation im gegenwärtigen Augenblick und begegnet seinem Partner auf einer neuen Ebene, oder man hält an den alten Formen und Konzepten der Beziehung fest, läuft dabei aber Gefahr, den Partner zu verlieren.

Ähnliches gilt sicherlich auch im Berufsleben, in dem die Entwicklung natürlich auch weitergeht, der Sie — und darin liegt hier der Konflikt — mit veränderten Einstellungen folgen sollten, wollen Sie sich nicht vom Erfolg abkoppeln.

Die Quintessenz ist folgende: Unser Erfolg im Leben hängt von der objektiven Wahrnehmung der Realität im gegenwärtigen Augenblick ab. Wenn unsere Konzepte nicht mehr in die neue Realität passen, dann müssen wir unsere Konzepte ändern.

In welchem Licht sehen Sie sich selbst, angesichts dieser Diskussion? Befinden Sie sich selbst ständig im Wandel, nehmen Sie dauernd neue Wahrnehmungen in sich auf, erleben Sie neue Gefühle und öffnen Sie sich gegen Veränderungen? Sind Sie darum bemüht, Ihre Glaubensstrukturen und Einstellungen zu bewahren? Haben Sie Angst davor, diese aufzugeben?

Allerdings haben viele von uns im Laufe der Jahre einen unbewußten Mechanismus entwickelt, der die Einsicht in die Realität nicht zuläßt. Wenn Sie diese Angewohnheit haben, so liegt die beste Möglichkeit, ihr zu begegnen, darin, daß Sie diese bewußt wahrzunehmen versuchen. Beobachten Sie sich beispielsweise dann genau, wenn Sie bemerkt haben, daß Sie unangenehme Gedanken oder Eindrücke beiseiteschieben oder Neues ablehnen. Beachten Sie Ihre Einstellung zu allen möglichen Dingen, auf die Sie im Verlauf eines Tages stoßen.

Ganz tief darunter stellt sich natürlich die Frage, welche Einstellung Sie zu sich selbst haben. Sehen Sie sich selbst als ein Wesen, das im Wandel begriffen ist, das dauernd wächst, sich verändert, neue Einsichten in sich aufnimmt und Konzepte erweitert? Oder erleben Sie sich relativ statisch, gefangen in den liebgewonnenen Lebenseinstellungen? Widersetzen Sie sich Veränderungen? Halten Sie an Ihren Konzepten fest?

Die meisten von uns bewegen sich natürlich irgendwo zwischen diesen beiden Extremen. Auf der einen Seite suchen wir nach dem Gefühl von Sicherheit und Stabilität in dieser verrückten Welt. Wir halten an unseren Schablonen, an dieser alten Sichtweise der Dinge und unseren alten emotionalen Reaktionen angesichts der unterschiedlichsten Situationen fest. Aber gleichzeitig dürstet uns nach Wachstum, nach Veränderungen in unserem langweiligen Leben, nach strahlender neuer Einsicht, die unser Leben in ein tiefergehendes und vertrauensvolles Erlebnis verwandelt.

Unser Ziel sollte dabei die Herstellung eines Gleichgewichts zwischen diesen beiden Befindlichkeiten sein. Die weiteren Kapitel dieses Buches können wir jetzt darauf verwenden, spezifischere Techniken zu lernen, um uns für die Intuition zu öffnen.

10

Bewegung
und die Förderung der Intuition

Wir wissen von vielen berühmten Persönlichkeiten, die sich durch Spaziergänge inspirieren ließen. Das Spazierengehen scheint eine hohe Kunst zu sein, auf die vielleicht bedeutendere Ideen und Lösungen als auf irgendeine andere intuitive Technik zurückzuführen sind. Warum hat das Spazierengehen für die Intuition eine so große Bedeutung?

Wenn man aufsteht und spazierengeht, belebt man erst einmal seinen Körper, indem Sauerstoff ins Blut und ins Gehirn transportiert wird. Anders ausgedrückt, man weckt das Bewußtsein für seinen Körper, regt die Adrenalinausschüttung an und erhöht die Stufe der geistigen Klarheit.

Das Gehen bringt auch die Veränderung der Wahrnehmung mit sich, von der verstandesgeleiteten zur emotionalen Wahrnehmung. Sie stimmen sich dabei auf die Umgebung ein, harmonisieren Ihren Bewegungsablauf und bekommen immer wieder neue Eindrücke, die Ihren Geist zur Ruhe kommen lassen. Sehr schön wäre es, wenn Sie Ihr Spaziergang hinaus in die Natur führt, so daß Sie das Einssein mit der Welt, die Sie umgibt, fühlen und somit auch Ihre Wahrnehmung erweitern können.

Sie können während des Spaziergangs natürlich auch aktiv über etwas nachdenken. Der Fluß der Gedanken kann weitergehen, aber selbst dann werden Sie spüren, daß sich Ihre Denkweise durch die Bewegungen und Wahrnehmungen beim Gehen verändert.

Diese veränderte Wahrnehmung der Welt beim Spaziergang, die sich immer wieder verändernden Sinneseindrücke stimuliert das Gefühl von Wohlbefinden und Freude. Und wie wir bereits wissen, ist ein solches Gefühl von spielerischer Freude in Körper und Geist eines der Schlüsselelemente, um die Intuition zu stimulieren.

Wenn Sie also nach einer Grundübung für die Intuition suchen, dann gehen Sie spazieren! Darüber hinaus habe ich ein paar Vorschläge, wie Sie Ihre Spaziergänge erfolgreicher gestalten können.

Zuallererst ist es wichtig, Sie haben sicher schon daran gedacht, sich während des Spaziergangs der Atmung und des Körpers bewußt zu sein. Denken Sie an die Übung zur Veränderung der Wahrnehmung, seien Sie sich der Atmosphäre um sich herum bewußt und seien Sie nicht übermäßig auf einzelne Gegenstände fixiert. Erleben Sie die Tiefe, das Volumen, den Raum, eben die Atmosphäre, in der Sie sich bewegen.

Halten Sie Ihre Kiefermuskulatur entspannt, ebenso Ihre Zunge. Probleme lösen zu wollen verspannt oft die Muskeln, aus Gründen, die wir immer noch nicht kennen. Für Intuitionen scheint man dann offen zu sein, wenn die Muskeln entspannt sind!

Richten Sie Ihre Aufmerksamkeit fünf oder zehn Minuten nur auf die Wahrnehmungserfahrungen des gegenwärtigen Augenblicks. Erlauben Sie sich, sich locker zu fühlen. Machen Sie Wurfspiele mit einem Stock oder einem Stein oder mit einem Gegenstand, den Sie gerade in Ihrer Nähe finden.

Während Sie nun ganz entspannt bleiben, lassen Sie auf diesem Spaziergang auch Ihren Geist dem Problem, das Sie beschäftigt, näherkommen. Aber während Sie sich jetzt dem Denkprozeß öffnen, vergewissern Sie sich, daß Sie sich dabei Ihrer Atmung und der Welt, die Sie umgibt, bewußt bleiben. So kann die »magische« Kombination aus Gegenwärtigem und Intuition zusammenfließen.

Andere Formen der körperlichen Bewegung sind zur Förderung der intuitiven Problemlösung natürlich ebenso geeignet. Falls Sie das Jogging dem Spazierengehen vorziehen, so ist dies natürlich auch ein vorzügliches Mittel, um biochemische Prozesse hervorzurufen, die die Gedanken beflügeln.

Schwimmen ist ein weiteres hervorragendes Bewegungsprogramm, ebenso Skifahren und Tennisspielen um die Intuition zu fördern — sowie all das, was Sie dazu veranlaßt aufzustehen, sich zu bewegen und es sich gutgehen zu lassen.

Schließlich möchte ich Ihnen noch das Tanzen empfehlen, vor allem dann, wenn Sie allein sind. Nehmen Sie sich einfach mal fünf Minuten Zeit, legen Sie Ihre Lieblingsmusik zum Tanzen auf, und bewegen Sie sich ohne Hemmungen ganz frei. Wir werden später noch genauer auf die spezielle Kunst der freien Bewegung eingehen.

Viele von uns fühlen sich gehemmt, wenn sie sich — ohne daß ihnen jemand Vorschriften macht — frei bewegen sollen. Wir haben Blockaden, was das Aufstehen und das Umsetzen in die Tat anbelangt, obwohl wir theoretisch wissen, daß es uns gut tut. Legen Sie einfach das Buch für ein paar Minuten weg, und bewegen Sie sich ein bißchen. Bewegen Sie sich so, wie Sie es gerade möchten. Tun Sie es für sich allein — niemand schaut Ihnen zu. Erleben Sie Ihre persönliche Beziehung zu Ihrer eigenen Bewegung, zu Ihrem Körper — Sie werden es spüren: Es ist ein schönes Gefühl.

11

Entspannungsübungen zur Intuition

Entspannung ist kein Luxus, den man sich nur im Urlaub oder an freien Tagen gönnen sollte. Entspannung ist in Wirklichkeit produktiv und kreativ. Immer dann, wenn man in einer Krise oder in einem Konflikt steckt, ist gerade die Entspannung wichtig — auch für die Öffnung zur Intuition; darauf haben bereits Lao-tse und viele andere Weise seit vielen Jahren hingewiesen. Da wir aber bei Problemen meist unter Angst und damit unter Verspannung leiden, stellt sich die Frage, wie wir unter solch einer angespannten Situation eine Ent-Spannung erreichen können.

Zunächst einmal ist es wichtig, daß Sie die Verspannungen in Ihrem Körper lokalisieren. Wie steht es mit Ihren Atemmuskeln: Sind sie entspannt oder verspannt? Versuchen Sie im Moment nichts an Ihren Verspannungen zu ändern. Beobachten Sie einfach die Verspannungen, die Sie vielleicht in Ihrem Körper fühlen. Wie steht es mit Ihren Kiefer- und Zungenmuskeln? Sind diese verspannt oder entspannt? Was ist mit Ihren Nacken- und Schultermuskeln: Sind sie verspannt oder entspannt? Wie verhält es sich mit Ihrer Rücken- und Beckenmuskulatur? Sind sie locker oder zusammengekniffen? Und Ihre Arme, Hände und Finger, Ihre Knie, Ihre Unterschenkel, Füße und Zehen? Halten Sie sie angespannt oder können Sie auch lockerlassen? Schließen Sie jetzt für ein paar Atemzüge Ihre Augen, legen Sie das Buch beiseite und überlassen Sie es einfach Ihrem Bewußtsein, Ihren ganzen Körper zu spüren und erfahren Sie dabei, welche Stellen angespannt und welche entspannt sind.

Nach dieser Meditation lautet nun meine Frage: Hat sich durch diese Beobachtung Ihrer angespannten Körperstellen dieser Zustand von Anspannung und Entspannung verändert? Die einfache Wahrnehmung der Anspannung erzeugt bei den meisten Menschen schon eine Lockerung der Spannung in den Muskeln. Wie ich schon erwähnt habe, neigt Ihre Atmung dazu, sich zu entspannen, wenn man Ihre Anspannung beobachtet. Und das gleiche gilt auch für den Rest Ihres Körpers. Das Beobachten von Anspannung erzeugt Entspannung. Dies ist der erste Schritt zu einer bewußten Entspannung.
Der zweite Schritt besteht darin, die Entspannung zu stimulieren. Dies geschieht dadurch, daß man einen verspannten Muskel abwechselnd anspannt und ihn wieder entspannt.
Zur eigenen Übung und um einmal zu sehen, ob Sie es auch ganz alleine schaffen, sich zu entspannen, wenn Sie es brauchen, können Sie folgendes machen: Spannen Sie die Füße an, atmen Sie dabei

ein. Halten Sie einen Moment den Atem an und bleiben Sie dabei angespannt. Atmen Sie anschließend tief durch den Mund aus, und entspannen Sie Ihre Füße vollkommen. Machen Sie diese Übung Schritt für Schritt mit den anderen Körperteilen. Sie erzeugen dadurch eine völlige Entspannung. Achten Sie auf das, was Sie erleben, wenn Sie sich so im Körper weiter nach oben arbeiten, während Sie dabei die Beine, das Becken und die Leistengegend, den Bauch und den Brustkasten, Arme und Hände, Nacken und Gesicht anspannen.

Anschließend spannen Sie Ihren Körper mit einem Atemzug an, bleiben einen Moment angespannt, und lassen dann einen herrlichen Entspannungsfluß durch den ganzen Körper fließen, während Sie dabei mit einem Stoß ausatmen und alle Muskeln entspannen.

Diese Übung läßt sich im Sitzen durchführen; sie funktioniert aber noch besser, wenn man dabei auf dem Rücken liegt.

Nachdem Sie diese Übung gemacht haben, können Sie einfach weiter atmen, und sich, wenn Sie möchten, der Intuition öffnen.

Entspannung ist natürlich auch ein Zustand des Geistes. Wenn Sie entspannt sind, lösen Sie sich vom Vergangenheits- und Zukunftsdenken, mit dem Sie sonst beschäftigt sind, und an seine Stelle tritt das Denken in der direkten Wahrnehmung des gegenwärtigen Augenblick. Insofern sind diese Bewegungsübungen zur Aktivierung der Intuition, die Sie bereits gelernt haben, tatsächlich eng mit diesen Entspannungsübungen verbunden. Spazierengehen bringt geistige Entspannung, und das gleiche bewirken diese intensiven Entspannungsübungen, die wir gerade gelernt haben.

12

Vorprogrammiertes Träumen

Während wir schlafen, durchläuft unser Geist mehrere Aktivitäts- und Entspannungsphasen. In dieser Zeit träumen wir oder versinken in Tiefschlaf und träumen erst später wieder. Viele Menschen haben enorme Einblicke dadurch gewonnen, daß sie ihre Traumerlebnisse in ihr reales Leben integriert haben. Unbewußt wenden wir diese Technik auch an, und zwar immer dann, wenn wir im Bett liegen und vor dem Einschlafen über eine bestimmte Situation nachdenken. Beim Aufwachen merken wir, daß unser träumender Geist sich in irgendeiner Form mit dieser Situation befaßt hat. Und manchmal sehen wir nach einem Traum unsere Situation klarer.

Diese Fähigkeit des träumenden Geistes können wir zur Lösung eines Problems nutzen. In der Praxis heißt das folgendes: Bevor Sie schlafengehen, sollten Sie die intensiven Entspannungsübungen machen, die Sie im vorigen Kapitel gelernt haben. Dann können Sie Ihren Schlaf wirklich genießen. Kurz vor dem Einschlafen sollten Sie, ohne aktiv über Ihr Problem nachzudenken, dies nur in einem einfachen Satz benennen.

Sagen Sie vor sich hin: »Mein Problem ist folgendes: ...« Dann sagen Sie sich: »Während ich schlafe, möchte ich gerne Einsicht in dieses Problem gewinnen, damit ich beim Aufwachen neue Gedanken habe, denen ich dann nachgehen kann.« Sie müssen nicht genau die gleichen Worte wählen, sie sollten aber so ähnlich sein.

Danach schlafen Sie ein. Wenn Sie Schwierigkeiten beim Einschlafen haben, können Sie die Entspannungstechnik ein- oder zweimal machen. Konzentrieren Sie sich dabei auf Ihre Atmung und auf das Gefühl, den ganzen Körper auf einmal zu spüren, und lassen Sie sich dann treiben. Wenn Sie am nächsten Morgen aufwachen, bleiben Sie ruhig noch etwas im Bett liegen, zwingen Sie sich zu nichts, sondern entspannen Sie sich und beobachten Sie dabei Ihre Atmung. Fühlen Sie Ihren ganzen Körper, der jetzt allmählich aufwacht.

Ich versuche übrigens nicht, meine Träume bis in alle Einzelheiten zu analysieren. Es ist besser, wenn Sie sich nach dem Aufwachen einfach an Ihren Traum erinnern, ihn noch einmal durchleben, damit Sie die Situationen spüren können, in denen Sie in Ihren Träumen gewesen sind. Denken Sie also nicht über Ihren Traum nach, sondern lassen Sie ihn vor Ihrem geistigen Auge vorbeiziehen. In dieser Phase der Traumerinnerung sind Sie offen für Intuition.

Im Verlaufe Ihres Tages werden Sie wahrscheinlich Lust dazu verspüren, sich auf mancherlei Erinne-

rungen einzustimmen. Nehmen Sie sich täglich öf-
ter mal ein paar Minuten Zeit, und vielleicht erleben Sie, daß Sie inmitten Ihrer Reflexionen plötzlich eine intuitive Eingebung haben.

13

Frei-Zeit-Übungen zum Loslassen

Für den intuitiven Prozeß ist natürlich unerläßlich, Zeit für die Muße zu haben. Halten Sie für einen Moment inne und überdenken Sie einmal den gestrigen Tag. Haben Sie sich gestern manchmal freie Zeit gegönnt? Wie oft haben Sie Ihr Tagesprogramm unterbrochen und eine Pause gemacht, haben sich Zeit für sich genommen?

Die meisten von uns verbringen den größten Teil ihres Tages, fast ohne sich Freizeit zu gönnen. Als Kinder hatten wir Zeit zum Spielen und fast jeder Tag stand zu unserer freien Verfügung. Wir konnten unserer Kreativität auf dem Spielplatz, den benachbarten Straßen, dem Hinterhof oder auf dem Speicher freien Lauf lassen. Aber je älter wir wurden, desto weniger Freizeit hatten wir zur Verfügung. Schließlich haben die meisten von uns den Punkt erreicht — an dem sie überhaupt keine Freizeit mehr haben.

Sind wir tatsächlich Opfer eines Systems, das uns überhaupt keine Zeit mehr läßt, uns einfach zu entspannen? Oder sind wir Gefangene unserer Termine und Verabredungen?

Viele unter uns füllen erstaunlicherweise jede Minute des Tages mit irgendeiner Betätigung aus. Dies tun wir insbesondere deshalb, weil wir ein ganz klein bißchen Angst davor haben, frei verfügbare Zeit zu haben. Was würden wir damit machen, wenn wir plötzlich Zeit übrig hätten?

Wäre es nicht furchtbar langweilig, wenn wir mal eine Stunde lang überhaupt nichts zu tun hätten? Bei meiner therapeutischen Arbeit ist mir im Laufe der Jahre dieser Zustand an manchen Patienten aufgefallen. Viele Menschen leiden unter chronisch zwanghaften Verhaltensmustern: Sie stecken dauernd bis zum Hals in Arbeit und gönnen sich nie auch nur eine Sekunde Freizeit. Sie fühlen sich natürlich elend, denn das Leben macht ihnen so keinen Spaß mehr. Sie spüren, daß sie in einer ausweglosen Lage sind, sie fühlen sich unkreativ und das Leben begeistert sie überhaupt nicht mehr.

Warum treiben sich Menschen so in die Enge, daß sie überhaupt keine Freizeit mehr im Leben haben?

Wie teilen Sie Ihre Zeit ein? Was halten Sie von frei verfügbarer Zeit? Wie reagieren Sie emotional, wenn Sie plötzlich merken, daß Sie einen ganzen Nachmittag zur freien Verfügung haben, und überhaupt nichts geplant ist? Was machen Sie mit dieser freien Zeit?

Manchmal werden Kinder dafür bestraft, wenn sie sich entspannen oder einfach nichts tun. Das ist der Fall, wenn ihre Eltern zwanghafte Arbeitsfanatiker sind und befürchten, nichts mit ihrer freien

Zeit anstellen zu können. Und das projizieren sie auf die eigenen Kinder. Die Kinder werden groß und haben diese irrationale Angst in sich; das hindert sie dann daran, ihre Arbeitszeit auch nur für zehn Minuten zu unterbrechen.

Ich möchte vor allem deutlich machen, daß es für unseren Zugang zur intuitiven Denkweise wichtig ist, im Auge zu behalten, daß wir Einsichten anscheinend eher während der freien Zeit gewinnen. Menschen, die Arbeitsfanatiker sind, kommen sehr selten in diesen Genuß. Kreative Menschen, die den ganzen Tag über zu arbeiten scheinen, nehmen sich tatsächlich und gewöhnlich unbewußt einfach regelmäßig Zeit für eine — im wahren Sinn des Wortes — Atempause. Sie sind dann für die Intuition empfänglich. Sie machen es sich bequem, schauen aus dem Fenster und praktizieren unbewußt die Techniken, die wir zur Veränderung der Wahrnehmung gelernt haben.

Während dieser Atempause kann nämlich unser Geist das Problem loslassen. Anstatt sich permanent damit zu befassen, gelingt es ihm, das Problem für ein paar Minuten loszulassen, und sich über den Konflikt zu stellen.

Wie steht es mit Ihnen? Können Sie einfach loslassen, oder neigen Sie dazu, Ihre Probleme festzuhalten und keine Atempausen zu machen? Blicken Sie einmal zurück in Ihre unmittelbare Vergangenheit, und lassen Sie — ohne sich anzustrengen — die Erinnerung aufkommen.

Wie kann man es lernen, sich wieder an der unendlichen Weite der freien Zeit zu erfreuen? Ich habe Ihnen bereits einige sehr nützliche Techniken genannt. Ich möchte Ihnen jetzt noch spezifischere Übungen zu diesem Bereich anbieten.

Beginnen Sie zunächst damit, sich an die Zeiten Ihrer Kindheit zu erinnern, in denen Sie frei verfügbare Zeit hatten und stundenlang gespielt haben. Was haben Sie da gemacht? Wichtiger noch: Wie haben Sie sich beim Spielen gefühlt? Welches Gefühl hatten Sie beim Atmen und in Ihrem Körper, während Sie einfach alles auf sich zukommen ließen, und die Minuten dabei verstrichen sind? Vielleicht möchten Sie dazu Ihre Augen schließen, sich einen Moment entspannen und sehen, welche Erinnerungen, die Sie vielleicht jahrelang nicht mehr hatten, wieder in Ihnen aufsteigen.

Sagen Sie das Wort »Spielen« ein paarmal vor sich hin, und lassen Sie dieses Wort den Schatz Ihrer Erinnerungen beeinflussen.

Gehen Sie wieder zurück zum gegenwärtigen Augenblick und beachten Sie einmal, wie Sie sich fühlen, wenn Sie mit dem Gedanken spielen, sich jeden Tag ein bißchen freie Zeit zu gönnen, für die Sie nichts planen und in der Sie alles auf sich zukommen lassen. Gefällt Ihnen dieser Gedanke? Sind Sie darüber begeistert, frei verfügbare Zeit zu haben?

Beobachten Sie einfach Ihre Reaktionen, während

Sie über frei verfügbare Zeit nachdenken. Bewerten Sie Ihre Reaktionen nicht. Es geht hier darum, Ihre unbewußten Einstellungen realistisch zu sehen. Unser Ziel ist es, Ihre Beziehung zu frei verfügbarer Zeit, in der etwas Neues, etwas Unerwartetes passieren könnte, zu betrachten. Sind Sie für unerwartete Ereignisse, neue Begegnungen und neue Einsichten offen?

Ich möchte noch einmal auf den Tanz zurückkommen. Der Tanz ist eine Form der Bewegung, die die Menschen seit jeher pflegen. Tanz kann bedeuten, daß Schrittfolge und Bewegungsablauf fest vorgeschrieben sind, aber er kann auch eine freifließende, kreative Bewegung sein; und manchmal braucht man gar keine Musik dazu, weil man den Rhythmus in sich spürt.

Es ist wunderschön und erstaunlich, fast »magisch«, wie unser Körper sich seiner inneren, natürlichen Motivation entsprechend, bewegen kann. Er tut das in dem Moment, wo wir einfach aufstehen, Musik hören und unsere Arme und Beine, unseren Kopf und unsere Schultern, unsere Finger und Zehen das tun lassen, was immer sie tun wollen. Wenn Sie dastehen und keine Bewegung in sich spüren, ist das ebenso völlig in Ordnung. Es gibt keine Regeln und niemanden, der Sie zwingt irgend etwas darzustellen. Eine ebenso schöne Erfahrung ist es, im völligen Gleichgewicht mit der Schwerkraft zu sein und sich nicht zur Musik zu bewegen. Es kann Sie völlig in den gegenwärtigen Augenblick und in ein umfassendes Gefühl von Raum und frei-verfügbarer Zeit bringen.

Wann immer Sie Zeit übrig haben, selbst wenn es nur 30 Sekunden sind, können Sie innehalten, at-men, Ihren Geist entspannen und es Ihrem Körper erlauben, die Bewegung zu genießen. Schlüsselele-ment ist hierbei, daß Bewegung gut tut, und wenn Sie sich wohl fühlen und ohne Anstrengung mit den Kräften der Schwerkraft und dem Raum um sich herum spielen, schaffen Sie sich die beste Vor-aussetzung für die intuitive Wahrnehmung.

Wenn Sie Lust haben, versuchen Sie es gleich ein-mal, damit wir uns von der Theorie in die Praxis bewegen. Legen Sie nach der Lektüre dieses Ab-schnitts das Buch beiseite, stehen Sie auf, und beob-achten Sie, welche Bewegungen Sie machen möch-ten. Wenn Sie sich besonders gehemmt oder mutlos fühlen, bringen Sie am besten Ihren Körper da-durch in Bewegung, daß Sie die Arme in die Luft heben, ein Bein seitlich kreisen lassen. Bewegen Sie Ihren Kopf nach hinten und nach vorn, öffnen Sie dann Ihren Mund um zu seufzen oder zu gähnen. Strecken Sie sich und wecken Sie in Ihrem Körper das Fließen von guten Gefühlen. Und danach schauen Sie einmal, was Ihr Körper anschließend machen möchte.

Beobachten Sie, wie sich der Zustand Ihres Geistes nach der Bewegung und der freien Zeit, die Sie ge-rade genossen haben, erweitert und entspannt hat.

14

Von der Einsicht zum Handeln

Mit dem Erleben einer Intuition ist ein Problem natürlich noch nicht gelöst, eine Situation noch nicht bereinigt. Die Intuition ist die eine Sache und ihre Umsetzung in die praktische Realität eine andere.

In der Tat lassen sich viele große Ideen in der Praxis nicht durchführen. Es bleibt die Herausforderung, eine Idee in die Wirklichkeit umzusetzen. Einfälle sind letztlich Dichtungen unserer Phantasie und nur eine Vorstellung davon, wie Realität funktionieren könnte. Aber erst in dem Moment, in dem die Idee erprobt wird, findet man heraus, ob das Konzept in die Realität paßt. Manchmal ist man vom Erfolg begleitet, manchmal wird man von ihm verlassen.

Jedesmal, wenn Sie eine Idee haben, müssen Sie von neuem damit experimentieren und versuchen, sie in die Praxis umzusetzen.

Viele unter uns haben große Ideen, aber wir haben Angst davor zu handeln, um zu sehen, ob unsere Ideen funktionieren. Wir haben Angst zu versagen, um es ganz deutlich zu sagen. Entweder ist es das, oder es fehlt uns der Enthusiasmus, um unsere Träume zu verwirklichen.

Wie steht es mit Ihnen? Hatten Sie in der Vergangenheit große Ideen, und haben Sie diese in die Praxis umgesetzt? Welche Einstellung haben Sie zu Ihrer Kreativität?

Lassen Sie sich ein paar Minuten Zeit, unterbrechen Sie die Lektüre, und denken Sie darüber nach, was Sie mit Ihren intuitiven Eingebungen machen.

Sehr oft waren die Konditionierungen unserer Kindheit in Bezug auf die Verwirklichung unserer Träume ziemlich negativ. Kinder haben phantastische Träume und große Höhenflüge intuitiver Phantasie. Und wenn sich diese Phantasien nicht in der normalen Welt verwirklichen lassen, oder wenn wir mit unseren großen Träumen belächelt werden, dann werden unsere Gefühle verletzt, wir bekommen ein unsicheres Selbstbild. Wir vermeiden es fortan, die Außenwelt etwas über unsere großen Ideen wissen zu lassen. Als Erwachsene leben wir mit diesen Hemmungen weiter. Vielleicht haben wir für unseren Arbeitsplatz einen Vorschlag für eine Verbesserung, aber wir machen den Mund nicht auf, weil wir Angst davor haben, vielleicht im Unrecht zu sein oder nicht ernst genommen zu werden. Oder wir haben Einblick in die emotionalen Probleme eines Freundes, aber aus Angst, wegen unserer konstruktiven Kritik angegriffen zu werden, tauschen wir uns darüber nicht mit ihm aus.

Es sollte weder Druck noch Verpflichtung herrschen, wenn es darum geht, seine Einblicke zu verwirklichen. Wir haben die Freiheit, darüber zu entscheiden, welche unserer Inspirationen wir ausagieren wollen und welche nichts weiter als gute Ideen bleiben. Und wir können im Leben eben nicht alles tun. Außerdem gibt es Zeiten, in denen wir unsere Hilfe anbieten und Zeiten, zu denen wir uns in nichts einmischen. Wir alle handeln oder wir entscheiden uns dafür, nicht zu handeln.

Wie kann man diesen Enthusiasmus und die Klarheit, die aus der Intuition geboren wurden, aufrechterhalten, wenn es daran geht, diese Intuition umzusetzen?

Ich möchte noch einmal ganz klar auf die grundsätzliche intellektuelle Ebene unserer Erörterung eingehen: Das Entwickeln eines gut funktionierenden Planes erfordert logisches Denken, den geistigen Akt der Projektion in die Zukunft und das Reflektieren über frühere Erfahrungen. Es scheint aber ebenso essentiell zu sein, eine gesunde, anhaltende Beziehung zum gegenwärtigen Augenblick aufrecht zu erhalten, mit einem Sinn für Spiel, Freizeit, Bewegung und Spaß. Wenn Sie regelmäßig diese Atempausen einlegen und das Hier und Jetzt genießen, werden Sie nicht nur den Prozeß der Verwirklichung Ihrer Träume genießen, sondern auch die innere Bereitschaft zur Intuition wach halten, so daß die Inspiration Sie bei jedem Schritt zum Erfolg begleiten kann. Wenn es sich ergeben sollte, daß Sie mit einer bestimmten Bemühung Schiffbruch erleiden, wissen Sie immerhin, daß ein Versagen nicht das Ende der Welt bedeutet, weil Sie selbst immer noch munter und lebendig sind, bereit für die nächste Herausforderung, und das selbst dann, wenn dieser momentane Traum einer ist, der nicht so ganz in die Realität der Zeit paßt. Ihnen bleiben trotz allem die Atmung, die geistige Klarheit, Ihr gesunder Körper und der Genuß der Gegenwart — außerdem steht Ihnen immer noch die Muse der Intuition zur Seite, die wie ein Traum arbeitet, nämlich erfolgreich vom Anfang bis Ende!

Die Kassetten zu allen im Knaur Verlag erschienenen Büchern von John Selby sind beim SSG-Verlag erschienen. Sie sind über den Buchhandel oder über den SSG-Verlag, Alte Schule, 3544 Waldeck 1, zu beziehen.

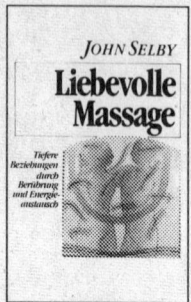

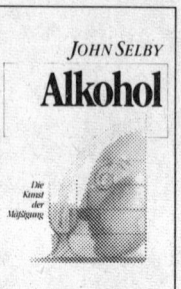